"*Pages actuelles*"
1914-1918

❧

UNE VICTIME DU PANGERMANISME

L'Arménie

Martyre

Publications du COMITÉ CATHOLIQUE DE
PROPAGANDE FRANÇAISE A L'ÉTRANGER

PAR

L'Abbé Eugène GRISELLE

Docteur ès-lettres
Chanoine honoraire de Beauvais, Secrétaire général du C. C. P. F.

BLOUD ET GAY, Editeurs

3, RUE GARANCIÈRE, PARIS
35, CALLE DEL BRUCH, BARCELONE

L'Arménie Martyre

VICTIME DU PANGERMANISME

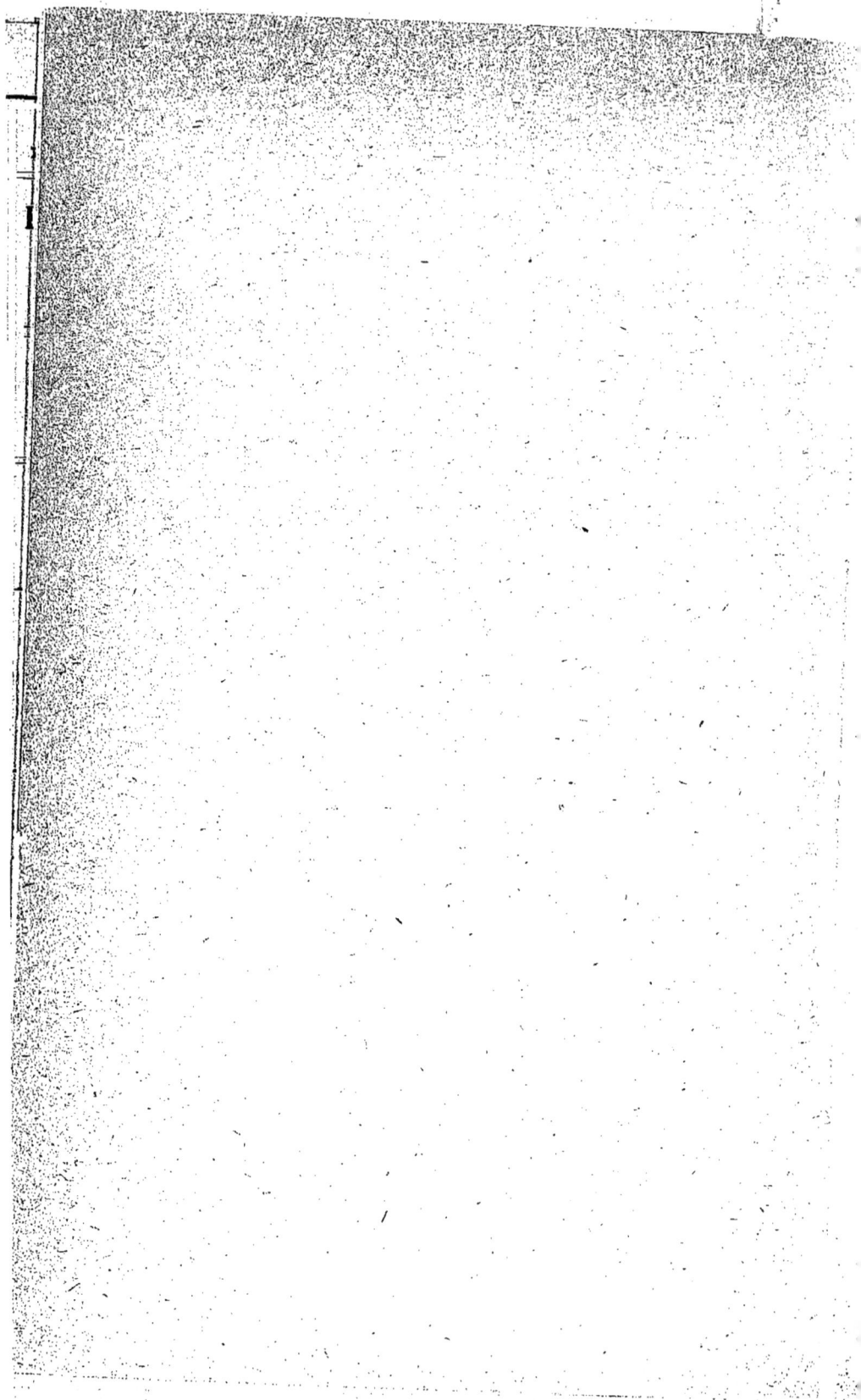

"Pages actuelles"
1914-1918

❧

UNE VICTIME DU PANGERMANISME

L'Arménie

Martyre

PAR

L'Abbé Eugène GRISELLE

Docteur ès-lettres

Chanoine honoraire de Beauvais, Secrétaire général du C. C. P. F.

BLOUD & GAY

Editeurs

PARIS, 3, Rue Garancière

Calle del Bruch, 35, BARCELONE

1918

AVERTISSEMENT

La question arménienne étant une fraction impor-
tante de la question ou mieux des multiples questions d'Orient, il m'a semblé opportun, au lieu de
jeter brusquement le lecteur dans le récit des récents
massacres de 1914 et 1915, d'éclairer cette dernière
phase du martyrologe d'Arménie par un résumé
des événements antérieurs depuis que s'est imposée
d'une façon aiguë et impérative l'obligation pour la
Turquie de souscrire aux réformes.

Je n'ai, bien entendu, la prétention, de rien inven-
ter dans une matière où il faut laisser parler seuls
ceux qui ont vu ou du moins étudié d'après des
documents authentiques les choses d'Arménie. C'est
le cas ou jamais de déclarer que « je ne dirai rien
de moi-même », ayant pris soin de m'informer dili-
gemment et aussi de soumettre à ceux qui savent
ce travail de pure vulgarisation.

Nul ne me reprochera d'avoir insisté sur un côté
de la question arménienne que les événements d'aujourd'hui illustrent d'une lumière sinistre.

Aussi bien était-il impossible de traiter, même en
passant, l'histoire de cette nationalité située sur le
chemin allemand du golfe Persique, sans rencontrer une des tentacules de l'Allemagne en marche

vers l'Orient. La curiosité m'est donc venue de noter les étapes de l'amitié de Guillaume II pour son complice le Sultan Rouge et les héritiers responsables du rêve panislamique qu'il avait encouragé à son profit. Nombrer les chaînons multiples qui, fatalement, devaient souder dans le sang des peuples les deux impérialismes de Constantinople et de Berlin est indispensable à qui veut se rendre un compte exact des progrès de la question arménienne. Rien n'explique mieux la solution radicale vers laquelle ont marché de plein accord les Germano-Turcs essayant de supprimer un peuple gênant et d'égorger tout à fait la nation martyre qui saignait sans mourir depuis plusieurs siècles.

Sèvres, 24 mars 1916.

L'Arménie, victime du Pangermanisme

Un de nos ambassadeurs à Constantinople sur la fin du xviiie siècle, le comte de Saint-Priest, écrivait, à propos de l'Empire ottoman dont il résumait l'histoire : « La férocité s'accroît dans les nations guerrières avec leur puissance : elle n'est pas le partage des peuples simples dans leur énergie et que l'avidité n'a pas encore corrompus (1). »

L'Allemagne aux appétits insatiables vient de confirmer tristement cette remarque, elle qui réalise aujourd'hui ce que la haine séculaire des Turcs contre les Arméniens et leurs massacres périodiques n'avaient pu faire, la suppression méthodique d'une nation faisant obstacle à ses desseins.

L'Arménie « saignée à blanc », suivant l'expressive menace dont Bismark usait contre nous, est en effet l'œuvre de la guerre allemande, et l'on a pu donner à un remarquable travail sur *La suppression des Arméniens*, paru dans la *Revue des*

(1) *Mémoires sur l'ambassade de France en Turquie.* Paris, Leroux, 1877, p. 12.

Deux Mondes (1), ce sous-titre significatif : *Méthode allemande, travail turc.*

Depuis le début de la guerre, les empires centraux se sont partagé de lourdes responsabilités. Le Kaiser porte le poids de la violation de la Belgique, dont il a chargé les épaules de son peuple et au jour des revendications, les massacres et les incendies de Louvain et autres cités entreront en ligne de compte. L'écrasement de la Serbie et du Monténégro sera infailliblement soldé par l'Autriche, et la Turquie paiera de son existencen e Europe le vasselage allemand que lui a imposé let comité *Union et Progrès.* Les horribles excès commis contre l'A⊀ménie martyre seront l'arrê de mort de la nation qui les exécuta. Mais parce que sera puni ce bras dont se servit l'Allemagne pour assassiner un peuple qui la gênait, rien ne préservera des châtiments mérités la tête qui a conçu et organisé le crime.

Le vieil adage du droit romain établissant les présomptions contre les coupables : *Is fecit cui prodest* serait accablant déjà pour l'Allemagne, même si elle se fût bornée à laisser faire la Turquie et à permettre au comité des Jeunes-Turcs de reprendre à leur compte les traditions sanglantes d'Abd-ul-Hamid. L'intérêt qu'avait la

(1) 1ᵉʳ février 1916, pp. 531 à 560.

Wilhelmstrasse à là disparition des Arméniens lui
barrant la route de Bagdad ne lui a pas même
permis de borner son rôle à une complicité déjà
épouvantable. Elle a eu l'impudeur et l'impru-
dence de mettre au service des animosités turques les ressources de son organisation.

La participation allemande dans cette « opération » terrible démontre une fois de plus que les
doctrines du pangermanisme, sous une façade
pseudo-philosophique, cachaient simplement
« l'âpre besoin de vendre et de faire des affaires »
qu'on a décoré du nom d'impérialisme allemand.

La démonstration en est trop aisée surtout si
l'on remonte, comme nous le ferons, aux troubles
arméniens suscités à l'occasion de l'inexécution
des promesses turques du traité de Berlin. Mais il
convient d'esquisser d'abord la région où fut
appliquée et poussée à l'extrême la propagande
par le fait du *Deutschland über alles.*

I

LE THÉATRE DES OPÉRATIONS

L'Arménie, même áu temps où sous ses rois elle avait une superficie égale à celle de la France, était divisée en deux régions : la Grande et la Petite Arménie séparées l'une de l'autre par l'Euphrate.

La Grande Arménie avait pour limites au nord l'Ibérie (Géorgie) et le Cyrus (Kour), à l'est la mer Caspienne et l'Atropatène (Aderbaidjan), la Méso-potamie au sud et à l'ouest l'Euphrate qui la sépare de la Petite Arménie. Celle-ci que les Romains avaient divisée en Arménie première, seconde, troisième et quatrième, est bornée au nord-ouest par le Pont et le Cappadoce.

Depuis qu'elle est tombée aux mains des Turcs, la Perse en ayant pris une partie, on devrait dire qu'elle n'a pas de limites naturelles nettes. On peut cependant lui donner des bornes assez vagues : la Géorgie au nord, la mer Caspienne au sud-est et à l'est, au sud, la vallée supérieure du

Tigre, enfin à l'ouest, l'Euphrate occidental ou Kara-Sou.

Cette région sert de trait d'union entre l'Iran et les hauts plateaux de l'Asie Mineure. D'une altitude moyenne de 1.800 mètres, elle possède des monts comme l'Ararat, le Sadulán et l'Alagœus qui atteignent respectivement 5.172, 4.752, et 4.075 mètres.

Humboldt appelait l'Arménie le centre de gravité de l'ancien monde, Ritter lui donnait le nom de l'île Montagne et le D\u02B3 Grigor Arzruni, dans une conférence donnée à Vienne en 1887 en faveur de sa patrie, disait que ce très haut plateau entouré de tous côtés de chaînes de montagnes avait mérité d'être nommé une « île aérienne ».

« Votre Excellence connaît, écrivait M. Paul Cambon à M. Casimir Perier le 20 février 1894, l'importance militaire et politique de l'Arménie. Les montagnes inaccessibles qui la hérissent séparent en deux tronçons et isolent complètement les deux parties musulmanes de l'Empire ottoman, la Mésopotamie et l'Anatolie. »

Les vallées fertiles d'Erivan et d'Erzeroum sont arrosées par des rivières ou, si l'on veut, des torrents qui se dirigent, au nord, vers le Tchorouk, le Kour et l'Aras (l'Araxe des anciens) au sud vers le Tigre. Les deux branches de l'Euphrate, le Kara-Sou et le Mourad Chaï coulent à l'ouest. Les grands lacs de Van, Ourmiah et Joktchaï sont une des richesses du pays. Région agricole par excellence et très fertile, l'Arménie, dont le commerce est florissant dans les grandes villes comme Erivan et Tabris, a le mérite, devenu, nous le verrons, un danger pour elle d'être, à Erzeroum, le point de croisement des caravanes entre le golfe Persique, la mer Caspienne et la mer Noire.

A ces raisons géographiques, il faut joindre les qualités de la race arménienne qui la prédisposaient au rôle de victime et devaient finalement entraîner le dernier projet de suppression.

II

STATISTIQUE ET ETHNOGRAPHIE

Les Arméniens, survivants de tant d'années des massacres, avaient aussi contre eux, en quelque sorte, leurs aptitudes intellectuelles, et non moins leur soumission atavique.

Le *Livre jaune* des affaires arméniennes de 1893 à 1897, publie un tableau comparatif des races d'Asie Mineure réparties de la façon suivante :

Population totale	14.856.118
Musulmans	11.801.485
Chrétiens	2.760.764

Dont :

Arméniens	1.475.011
Israélites	123.947
Etrangers divers	170.822

Cette statistique officielle très contestable, du reste, étant donné l'intérêt du gouvernement turc à minorer les chiffres, est notáblement inférieure au total donné par le Patriarche arménien au Congrès de Berlin. La statistique fournie dans la 2ᵉ édition du livre de M. Ludovic de Contenson, *Les réformes en Turquie d'Asie* (Paris, 1913), accuse pour l'Arménie turque 1.183.000 chrétiens contre 1.178.000 musulmans sur une population de 2.615.000 âmes (p. 17). Le chiffre total donné en 1878, par le Patriarche Nersès Varjabedian est de 3 millions.

D'après certains historiens, le pourcentage, il faudrait dire plus exactement la disproportion des Arméniens dans les provinces turques serait de 13 0/0 (1)

Partagée, comme jadis la Pologne, entre la Perse, la Turquie et la Russie, l'Arménie vit sa population chrétienne fortement réduite par les conversions forcées et l'émigration.

Pour sauver leur vie et leurs biens, nombre d'Arméniens embrassèrent l'islamisme : en 1800, dans les districts de Khoyt et de Stivan, vilayet de Bitlis ; en 1820, les districts de Tortoum, d'Ispir, de Balbourt, du vilayet d'Erzeroum. L'année 1830 marqua la conversion forcée dans le vilayet de Trébizonde, des cantons de Hamchêne,

(1) Fr. TOURNEBIZE, *Histoire politique et religieuse ménie*, t. I ; Des origines à Paris, Didot, 1900, in-8° de 872 p. 1898.

Yaïmbol et Karadéré, et une première émigration en Russie qui se répéta en 1856 et en 1878.

Cette année-là, Marseille vit affluer sa première
colonie arménienne qui continua de s'accroître
jusqu'en 1905. Les émigrants des Etats-Unis
arrivés en 1872 s'augmentèrent jusqu'après la
promulgation de la Constitution musulmane dont
ils eurent raison de se défier.

Notons enfin, outre les Arméniens dispersés en
Crète, dans l'Archipel, à Smyrne, Brousse, la
colonie de Constantinople groupée autour de
l'église patriarcale, et les groupes d'émigrants de
la Galicie, de Bukovine, Transylvanie et Hongrie.
L'Inde et l'Archipel asiatique reçurent leur con-
tingent. La Pologne, la Russie et le Daghestan
comptent 1.200.000 sujets du tsar. Une statistique de 1891 qui semble exagérée donnait un
total de 1.800.000 Arméniens au nord-est de la
Grande Russie.

Même en tenant compte des colonies arméniennes établies en Europe, à Vienne, Venise, Trieste,
Paris, Londres et Manchester, les plus agissantes,
il demeure vrai que « la grande masse arménienne est restée attachée au sol natal. (1) »

Après la guerre russo-turque, par le traité de

(1) Marcel LÉART, *La question arménienne à la lumière
des documents*, Paris, Auguste Challamel, 1913, in-8°, p. 6.

San-Stephano (3 mars 1878) remanié au Congrès de Berlin (13 juillet suivant), la Porte avait cédé au tsar « les provinces d'Erivan, Elisabethpol, et une partie du gouvernement de Tiflis ; elle conservait les vilayets d'Erzeroum, Mamoret-el-Aziz, Bitlis, Diarbékir et Van » (1). Cet auteur ajoute, et ce n'est pas le lieu d'examiner ici quel contre-poids apporterait à la russification de l'Arménie le progrès des Missions Catholiques : « Mieux eût valu, pour la sécurité future des Arméniens, que le pays tout entier fût livré à la Russie. » Nous traitons ici non pas la question religieuse, mais celle de l'influence allemande sur les derniers massacres. Toutefois, même en dehors du point de vue religieux, il resterait beaucoup à dire sur la solution préconisée de l'adjonction à la Russie.

La province d'Aderbaidjan, au sud-est de la Grande Arménie, sous le régime perse, compte 25.000 Arméniens sur 50.000 habitants.

Dans l'Arménie turque, comprenant la Cilicie et l'Arménie occidentale, sur une superficie de 187.000 kilomètres, trois millions et demi d'habitants comprennent seulement 560.000 Arméniens

---

(1) François SURBEZY, *Les Affaires d'Arménie et l'intervention des puissances européennes de 1894 à 1897.* Thèse pour le doctorat. Montpellier, 1911, p. 10.

dont les deux groupes les plus compacts sont éta-
blis dans les sandjacks de Kasan et de Marache.
Ils forment environ le cinquième ou le quart de la
population dans les gouvernements de Bitlis,
Adana et Erzeroum, plus clairsemés à Angora,
Van, Diabékir, Alep, Trébizonde et Kharpout.
Sivas qui était en 1895 le plus peuplé des vilayets
d'Arménie turque, fut aussi comme nous le verrons, un des plus efficacement protégés par
'énergie de son consul.

« Cet état de dissémination joint à l'inertie mal-
veillante de l'administration ottomane a été
le principal obstacle à l'amélioration de leur
sort.

« L'Arménien, frugal, économe et surtout hospi-
talier, est peu vindicatif; sa qualité dominante
est une vocation remarquable pour la banque
et les spéculations commerciales. Il est fidèle
aux usages et à la religion de ses ancêtres,
attaché à sa famille ; mais il est timide et peu
courageux, né en quelque sorte pour subir
l'oppression brutale de ses voisins et de ses
maîtres (1) ».

On connaît du reste la haine traditionnelle des
Turcs contre les Arméniens et l'on sait aussi com-

(1) SURBÉZY, *op. cit.*, p. 11.

bien ils sont aidés dans leurs exactions et leurs massacres par le fanatisme religieux de leurs alliés les Kurdes qui forment avec les Circassiens la majorité de la population.

Aussi, certain panégyriste du Sultan, que nous retrouverons à loisir, en a profité pour écrire avec un étalage d'érudition un peu comique, mais plus odieux encore :

« La région asiatique qui doit, en bon langage géographique, s'appeler Kurdistan puisqu'elle renferme un million et demi de Kurdes contre huit cent mille Arméniens, change de nom... pour être appelée Arménie (1). »

Et ce prétendu changement de nom que l'auteur fait dater de l'année 1888, il l'attribue aux intrigues de la presse anglaise obéissant à un mot d'ordre. Pour un peu, il nous présenterait les Kurdes comme des victimes et cet admirateur du sultan Abd-ul-Hamid raisonnerait à peu près comme viennent de faire en Belgique les Allemands qui s'y prétendirent méchamment attaqués par les habitants envahis.

Ce que sont les Kurdes pour les Arméniens,

_____

(1) *La Rébellion arménienne — son origine — son but,* par le Vicomte R. DES COURSONS, p. 6.

personne ne l'ignore et ce serait une plaisanterie sinistre que de renverser les rôles.

« Musulmans fanatiques, paresseux et pillards, leur principale occupation est le **vol** à main armée ; ils trouvent parmi les Arméniens riches et laborieux une pâture toute prête pour leurs appétits (1). »

En réalité, longtemps victimes des Turcs et toujours insoumis, les Kurdes deviennent leurs meilleurs auxiliaires, lorsqu'il s'agit d'exterminer les chrétiens et d'achever de les dépouiller.

« Pendant une période de cinquante ans, vers e milieu du dix-neuvième siècle, ils ont été poursuivis et traqués par les Turcs jusque dans leurs nids d'aigle jugés presque inaccessibles du Kurdistan, et ont été alors victimes de terribles massacres. Mais sachant encore revendiquer leur indépendance quand on parle trop haut du fisc et de la loi militaire, ils redeviennent fidèles sujets du Sultan quand il s'agit d'une soi-disant répression des villages chrétiens. Le vol, le pillage, la chasse à l'Arménien, telle est l'occupation héréditaire de ces peuplades qui descendent

(1) Surbézy, *op. cit.*, p. 12.

des insoumis de toutes les nations depuis le commencement du monde. C'est chez eux qu'ont été recrutés les régiments hamidiés, devenus si tristement célèbres lors des massacres qu'ils étaient chargés de réprimer et auxquels ils s'empressèrent de prendre part (1). »

Les procédés du régime turc sont connus. Les concussions de ces administrateurs passent toute imagination. Nommés et remplacés par le bon plaisir du Sultan (2) ! ils n'ont d'autre idéal que de s'enrichir au plus vite sur la population laborieuse de la contrée. Les Arméniens sont tout désignés pour ces pillages. Leur âpreté au gain et leur intelligence des affaires les exposent à la fois à la

(1) Ludovic DE CONTENSON. *Les Réformes en Turquie d'Asie*, p. 13.

(2) Notre ambassadeur à Constantinople mandait au ministre des affaires étrangères, le 12 juin 1895 : « En confiant, il y a près de quatre ans, les fonctions de grand Vizir à un officier sans passé politique, le Sultan entendait se réserver la direction personnelle du gouvernement et de l'administration. On peut dire que depuis quatre ans le gouvernement a été transporté de la Porte au Palais. Les fonctionnaires de tout ordre ne relevaient plus de leurs ministères respectifs; ils correspondaient directement avec les Secrétaires du Sultan... et j'ai eu plus d'une fois l'occasion de constater... l'impuissance de la Porte à imposer ses volontés à ses agents plus subalternes (M. Paul Cambon à M. Hanotaux), *Livre Jaune*, p. 77. Cf., plus bas, p. 76.

haine du Turc et à l'avidité des Kurdes et des Circassiens dont rien n'arrête l'audace. Un proverbe
du pays dit qu'il faut six Juifs pour tromper un
Arménien, et celui-ci est, en effet, un redoutable
rival en affaires, surtout en matière de banque.
Mais qu'il soit agriculteur, ouvrier ou commer-
çant, il demeure un chrétien abhorré, corvéable à
merci, sans garantie aucune contre le pouvoir ou
ses agents, ni contre ses voisins sans scrupules.
Le *Livre Jaune* des affaires arméniennes de 1897 a
montré à l'œuvre le Kurde, car on trouve dans le
« Rapport collectif des Délégués consulaires
adjoints à la Commission d'enquête sur l'affaire
de Sassoun », rédigé à Mouch, le 28 juillet 1895,
des détails significatifs sur les relations entre
Kurdes et Arméniens dans une région où ils
étaient réputés vivre d'accord. Qu'on juge par cela
des autres !

« Grâce au groupement des villages arméniens, à
la configuration même du sol et, d'autre part,
aux rivalités existant entre les Kurdes eux-
mêmes, les habitants de Kavar et de Talori
avaient pu, jusqu'ici, se maintenir sur le pied
de bonnes relations avec leurs voisins et visi-
teurs kurdes ; ils vivaient, selon l'expression
d'un témoin, comme des frères de terre et
d'eau, et les difficultés qui s'élevaient entre

eux occasionnées par des vols de bétail tour à tour emporté et repris, finissaient toujours par être tranchées au gré des parties intéressées. »

On va voir de quel prix était payée par les Arméniens cette bonne entente.

« Il est juste d'ajouter que si les relations de Kurdes à Arméniens présentaient un caractère satisfaisant, c'est que de longue date ceux-ci, pour trouver aide et protection en cas de besoin, auprès des aghas kurdes, leur payaient proportionnellement à leurs ressources, une redevance annuelle connue sous le nom de *halif*, et consistant à leur remettre une certaine partie de tout ce qu'ils récoltent, des têtes de bétail, de l'argent en nature, en y ajoutant des effets d'habillement, des instruments aratoires, etc. Quand un paysan arménien marie sa fille, son agha reçoit sous le nom de *hala*, la moitié de la somme versée, selon les habitudes du pays, par le fiancé aux parents de la future.

« Chaque village ou chaque maison dépend d'un ou de plusieurs aghas qui regardent ces diverses perceptions comme un droit de propriété au point qu'ils se le transmettent par voie d'héritage ou par vente à l'amiable.

« Si l'Arménien refuse de payer pour un motif
quelconque, l'agha l'y contraint par la force,
ou en lui volant du bétail, ou en lui causant
quelque dommage (1). »

Cette espèce de rente, moyennant laquelle
l'Arménien s'achète un protecteur, ne doit pas
tarder à le ruiner, car elle ne le dispense pas des
impôts turcs. Elle ne suffit pas toujours quand
l'appétit du kurde le pousse à réaliser d'un seul
coup cet avoir en espérance et, au lieu de tondre
la brebis, s'avise de l'égorger. Elle serait d'ailleurs
sans vertu sur le Circassien s'il en faut croire l'opinion des Orientaux, qui, entre eux, se connaissent
bien.

M. Ludovic de Contenson dans son ouvrage
Chrétiens et Musulmans, paru en 1901, dont la
lecture doit être conseillée aux amis des Arméniens rapporte les curieux avis qu'on lui donnait
en 1897, au moment où il quittait Alep pour mar-
cher vers l'Euphrate, à la grande surprise de ses
hôtes qui concevaient mal ce voyage en pays
dangereux, qui n'avait pas même pour excuse
« l'espoir de gagner de l'argent ». On lui indiqua
le moyen de reconnaître ses adversaires au cas où
il serait détroussé en route. Or, d'après cet offi-
cieux conseiller :

(1) *Livre Jaune*, p. 98.

« Le Circassien est un brutal qui, après avoir
dépouillé sa victime, l'abandonne absolument
nue sur le chemin. Le Kurde, l'humeur
adoucie par le bon coup qu'il vient de faire,
vous laisse vos habits et vous indique du
geste le chemin du retour (1). »

On citait, enfin, : ourtoisie plus grande de
l'Arabe bédouin, qui reçoit à sa table celui qu'il
dévalise et va jusqu'à le reconduire à la ville voisine. Mais ces dictons sur le Kurde ont été largement démentis par les derniers événements. Le
passé est bien passé et ne peut fournir que des
souvenirs.

(1) CONTENSON, p. 33.

III

LA FRANCE EN ARMÉNIE

Souvenirs rétrospectifs

On a pu écrire après les massacres d'Anatolie de 1896, pour expliquer comment « devant ces hécatombes humaines qui devaient soulever l'indignation de toutes les consciences, l'opinion publique est restée chez nous à peu près indifférente », que la principale cause est l'ignorance du passé de l'Arménie et des Arméniens. Il en est d'autres aussi, moins avouables et plus égoïstes. Mais, il faut le reconnaître,

« l'histoire de cette nationalité, disparue depuis des siècles, presque toujours asservie et à laquelle, en dépit des manœuvres de ses partisans les plus convaincus, il paraît presque impossible de donner désormais quelque cohésion, échappe à bien des regards, en sorte que ses malheurs, quelque dignes d'intérêt qu'ils paraissent, ne sauraient rencontrer dans la masse du public ce courant irrésistible qui réveille l'enthousiasme et détermine les mouvements de l'opinion (1). »

« La propagande arménienne, avouait en 1894 M. Paul Cambon, tâcha d'abord (en 1885) de gagner la France à sa cause et fit appel à ce qu'on nomme « ses sentiments chevaleresques ». On publia quelques articles de revues, on organisa des banquets, on prononça des discours, on manifesta sur la tombe de Lusignan à Saint-Denis. La France, il faut le reconnaître, n'y comprit rien et ne s'intéressa point à des gens qui lui parlaient du mont Ararat, de Noé et des Croisades (2). »

Le Dr Grigor Arzruni, dans sa conférence de Vienne de 1887 déjà citée, notait : « Il n'y a que l'Angleterre qui ait une idée exacte de l'Arménie et des Arméniens (3). »

Il est certain que le Comité de Londres eut la haute main sur l'organisation des colonies arméniennes, mais ce ne furent pas les souvenirs de Lusignan ni de l'Empire chrétien de Constanti-

---

(1) Gustave CIRILLI. *La Cause de l'Hellénisme dans la question d'Orient*, dans la *Revue hebdomadaire*, 5 mars 1897, p. 122.

(2) Lettre du 20 février 1894 à M. Casimir Périer, ministre des affaires étrangères.

(3) *Op. cit.*, p. 29.

nople, fondé par les Croisés qui inspirèrent l'intérêt que la Grande-Bretagne opposait à notre indifférence.

Richard Cœur de Lion fut aussi étranger aux préoccupations de Glastone encourageant les aspirations arméniennes que l'est aujourd'hui le souvenir du royaume chrétien d'Arménie aux généreuses indignations de ceux qui, sans attendre les dernières tueries, se sont vraiment intéressés en France à la question arménienne.

Sans oublier Mgr Charmetant, dont le *Bulletin de l'Œuvre des Ecoles d'Orient* s'adresse au public catholique, il faut noter, à l'autre pôle, la Revue *Pro Armenia* fondée par MM. Clemenceau, France, Jaurès, de Pressensé et de Roberty et le vigoureux plaidoyer de M. Pierre Quillard qui forme le 9e des *Cahiers de la Quinzaine* (3e série) sous le titre « Pour l'Arménie, mémoire et dossier ».

Et cependant l'ancienne France avait largement eu sa part dans les fastes de l'Arménie avant la conquête musulmane.

Depuis, nos relations strictement arméniennes cessèrent ou à peu près jusqu'au siècle dernier et à l'intervention française de 1830.

Nous n'avons à résumer ici ni l'histoire assez confuse de la nation arménienne ni l'ensemble des rapports politiques que notre pays à pu jadis nouer avec cette portion de l'Empire ottoman.

Si l'on voulait remonter dans la série des siècles passés à un épisode qui nous mit jadis en conflit avec le chef religieux des Arméniens, le Patriarche ou *Catholicos*, dont l'influence donna de tout temps à ce groupe ethnique une unité qui fit son importance, il serait loisible de rappeler le curieux voyage diplomatique entrepris par le sieur Deshayes en 1621.

Ce gouverneur de Montargis, maître d'hôtel de Louis XIII, était envoyé en mission à Jérusalem pour protéger les Cordeliers français, gardiens du Saint-Sépulcre contre les entreprises du Patriarche d'Arménie. On sait du reste que les empiètements de la religion orthodoxe contre les Latins étaient une vivante et ancienne tradition. Deshayes de Courmenin, qui avait reçu ses instructions le 15 avril et avait charge d'établir le consulat de Jérusalem, emportait la somme considérable de quatre cent mille francs pour faire réussir son entreprise. Son voyage aux lieux saints a été raconté dans une relation imprimée en 1624, mais il nous a malheureusement tenus peu au courant de ses négociations. Il n'a d'ailleurs pas été plus communicatif relativement au résultat d'un second voyage fait par lui huit ans après, d'où il rapporta de Russie, en 1629, le premier traité de commerce conclu entre la France et le grand duc de Moscovie.

Mais l'Arménie, à cette époque, n'intéressait guère à son sort les puissances européennes.

L'intervention de Louis XIII exerçant son protectorat sur les catholiques du Levant était à peine un épisode et la France ignorait presque tout de cette portion de l'Empire ottoman énumérée parmi ses possessions d'Asie et à peine nommée dans les Gazettes du temps.

Signalons pourtant une démarche des missionnaires dominicains qui prêchaient en Arménie la religion catholique, démarche tentée en 1662 près de Louis XIV. L'ordre des Frères Prêcheurs, qui avait en 1318 évangélisé cette contrée et lui avait fourni en la personne du Bienheureux Barthélemy de Bologne son premier archevêque installé à Crinna avait compté de nombreux martyrs quand la domination turque ravagea leur mission. Mais l'œuvre avait été reprise et deux Dominicains d'origine arménienne, le P. Mathieu Avanisensé provincial, et son compagnon d'apostolat le P. Thomas Jatoune, après un voyage à Rome, étaient venus solliciter Louis XIV d'user de son influence sur le roi de Perse en faveur de leur entreprise.

A part quelques incidents d'ordre religieux se rattachant au protectorat exercé par notre pays, il faut descendre jusqu'aux interventions de 1830, 1862 et 1867.

Rappelons brièvement ces épisodes pour constater quel souvenir ils avaient laissé dans le pays
et quel espoir les persécutés continuaient de
mettre dans le nom français.

« En 1830, la France intervint pour faire rentrer
à Constantinople la colonie arménienne que
les intrigues des Grecs orthodoxes avaient
réussi à faire expulser deux ans auparavant
« parce qu'ils étaient trop favorables à la
France ».
« En 1862, écrit M. Pierre Quillard, Napoléon III
envoya au Sultan Abd-ul-Aziz un télégramme
énergique et presque menaçant, qui empêcha
leur anéantissement, alors qu'une armée de
150.000 hommes se préparait à venger les pré-
cédentes défaites turques (1). »

La crainte de l'intervention européenne a toujours arrêté par enchantement les prétendues
explosions de fanatisme par lesquelles les sultans
expliquaient leurs saignées périodiques.

Deux faits significatifs recueillis sur place en
sont la preuve. Lors des massacres d'Orfa au
vilayet d'Alep en mars 1896,

« ...les autorités et les notables avaient agité la

(1) 9ᵉ *Cahier de la Quinzaine*, p. 38.

grave question : convenait-il d'étendre à
Alep, qui ne contient que quelques milliers
d'Arméniens, la plupart petits artisans ou
domestiques, les mesures sanglantes permises
par le Palais?... Les notables, en gens avisés,
rappelèrent qu'en 1850 une dure répression
suivit le meurtre de quelques chrétiens...
D'autres firent observer qu'en 1860, Damas,
ville proche d'Alep et d'importance au moins
égale, avait été sévèrement punie à la suite
d'une intervention européenne *et malgré que
les événements se fussent passés avec la complicité du gouvernement.* Ainsi, à trente-cinq
années de distance, le souvenir du débarque-
ment de l'armée française en Syrie agissait
encore sur l'esprit des Orientaux. »

M. L. de Contenson qui, dans son enquête de
1897, constatait la puissance de ces espoirs, ajoutait :

« Il y a deux ans, le prestige de la France était
intact en Orient. »

Mais les paroles d'un notable d'Alep qu'il relate
ensuite sont douloureuses à enregistrer.

« Depuis 1860, la France a été tout pour nos
pays. On nous a dit que vous aviez été vaincus

en 1870 et nos populations n'ont pas voulu le croire. Quand les massacres ont commencé, nous avons eu peur d'abord, puis, nous nous sommes dit : « Bah ! quelques victimes de « plus ou de moins ne sont pas une affaire, la « France en profitera pour débarquer des « troupes, et, au moins, cette fois, il n'y aura « pas que les Maronites qui seront délivrés de « l'oppression turque. » Peu à peu, les massacres se sont étendus. Le musulman honteux et craintif, d'abord inquiet en regardant du côté de l'Europe, s'est redressé de toute sa fierté quand il a vu la punition s'éloigner de sa tête. Au bout de quelques mois, devant l'inertie des nations européennes, les massacres du début sont devenus une orgie de sang. »

Pourquoi faut-il qu'à ce témoignage d'amère déception, l'auteur ait dû ajouter ce trop légitime commentaire :

« Pauvres gens ! ils n'ont pas cru à nos revers de 1870, et ils ont eu tort, car cela leur eût expliqué bien des choses ; mais nous, nous y avons peut-être trop cru (1). »

(1) *Chrétiens et Musulmans*, **p. 22** et 26.

Il faudra bénir la guerre de 1914 d'avoir dissipé
ces illusions funestes. Mais avant de montrer
main de l'Allemagne dans les massacres d'Arménie, sous le Sultan Rouge comme sous les Jeunes
Turcs (1), il sera bon de constater l'action protec-
trice de nos consuls atténuant par leur énergie
[es massacres organisés. Hélas! ils n'étaient plus
là-bas, l'an passé, quand l'alliance germano-turque
a rendu seuls maîtres les consuls allemands qui,
eux, ont laissé faire. Nous le verrons en résumant
les événements de 1893 à 1915. Il faut d'abord
rappeler la position de la question arménienne
telle que l'a volontairement créée la Porte, pour
lui donner la solution sanglante qu'ont encore
aggravée les aspirations allemandes vers le golfe
Persique.

(1) Le présent essai sera complété par une étude histo
rique à paraître bientôt, dont voici les principaux chapitres
I. *L'Arménie et la France*. — II. *L'Arménie au temps des
Croisades*. — III. *Les Missions catholiques en Arménie*. —
IV. *La Question arménienne. Notes bibliographiques*.

ı V

LA QUESTION ARMÉNIENNE

et l'intervention des puissances

C'est la Turquie la première qui, battue par la Russie et craignant de voir celle-ci s'annexer les vilayets de Diarbekir et de Sivas, « poussa les Arméniens à réclamer pour les provinces habitées par eux une autonomie politique sous la souveraineté ottomane » (2). Cette conception d'un état-tampon (novembre 1877) expédient de la peur, cessa bientôt quand la Porte, sauvée par l'arrivée de la flotte britannique, retira sa proposition et au traité de San-Stephano « l'autonomie administrative » fut réduite à des « réformes et améliorations ».

Le Patriarche Nersès Varjabedian, qui avait eu à se louer de ses entrevues avec les Russes, présenta bien aux six puissances signataires du Congrès de Berlin présidé par le Chancelier de fer

(2) Marcel LÉART, p. 6.

son mémoire secret qui demandait une organisation chrétienne autonome entourée des mêmes
garanties que celle du Liban. Le projet ne fut pas
agréé. L'article 61 du Traité ne modifiait sur le
régime de l'Arménie que la garantie des réformes
promises qui, au lieu d'être attribuée à la seule
Russie, devenait le fait des six puissances signataires, l'Allemagne, l'Autriche-Hongrie et l'Italie
adhérant aux efforts combinés de la Russie, de
l'Angleterre et de la France. En réalité, « **grâce à**
l'indifférence de l'Europe, la persécution des
Arméniens put être poursuivie avec une méthode
et un esprit de suite pourtant **rares en Tur-**
quie » (1)

Voici comment en 1894, lors du soulèvement
de Sassoun suivi de répressions sanglantes,
M. Paul Cambon résumait, dans la dépêche à
M. Casimir Périer, l'état de la question :

Pera, 20 février 1894.

« Un haut fonctionnaire turc me disait, il y a
    deux ans : « La question d'Arménie n'existe
    « pas, mais nous la créerons. » La prédiction
    s'est réalisée. La question arménienne existe
    aujourd'hui. Depuis plus d'un an, l'Arménie
    proprement dite et les provinces voisines

(1) Marcel LÉART, p. 6.

sont le théâtre d'événements graves : nos
consuls nous transmettent chaque semaine
la nouvelle d'arrestations, de collisions sanglantes entre les Arméniens et l'autorité. La
Porte, dans une récente circulaire à ses
ambassadeurs avouait que le sang avait coulé
à Yurgat, et le Grand Vizir reconnaissait der-
nièrement que l'Arménie était pour la Porte
la plus grave préoccupation. Les Turcs sont
en train de rouvrir la question d'Orient du
côté de l'Asie (1). »

Notre ambassadeur constate que l'état d'esprit
des Arméniens, grâce aux agissements de la
Porte, n'est plus le même qu'au temps du Congrès de Berlin :

« A cette époque, le réveil de la nationalité arménienne ne s'était pas encore produit ; l'idée
de l'indépendance arménienne n'existait pas,
ou, si elle existait, c'était seulement dans
l'esprit de quelques lettrés réfugiés en
Europe. La masse souhaitait simplement des
réformes et ne rêvait qu'une administration
régulière sous la domination ottomane.
« L'inaction de la Porte a découragé les bonnes
volontés des Arméniens. Les réformes pro-

(1) *Livre jaune*, p. 11.

mises n'ont pas été exécutées. Les exactions des fonctionnaires sont restées scandaleuses ; la justice n'a pas été améliorée. La création de régiments kurdes hamidiés, soi-disant destinés à surveiller les frontières, n'a pas été autre chose que l'organisation officielle du pillage aux dépens des chrétiens arméniens. »

Ici se plaçait un rapide historique de la propagande arménienne en Europe qui, n'ayant pu intéresser la France à sa cause (1), s'était centralisée dans le Comité de Londres. M. Cambon en expose le but et les intentions.

« Il fallait faire pénétrer dans la masse de la population arménienne deux idées très simples : l'idée de la nationalité et l'idée de la liberté.

« Les Comités se chargèrent de les répandre ; les Turcs, par leur système inintelligent de persécutions et d'exactions se chargèrent de les faire valoir. Peu à peu, il se sont rendus odieux et insupportables à des populations qui s'étaient accoutumées à leur esclavage, et comme s'il ne leur suffisait pas de provoquer ces mécontentements, les Turcs se sont plu à les grossir en traitant les mécontents de

1) Voir plus haut. p. 26,

révolutionnaires, et les protestations de complots.

« A force de dire aux Arméniens qu'ils complotaient, les Arméniens ont fini par comploter...

« Le terrain une fois préparé, il ne manquait plus qu'un prétexte ou un encouragement... les Arméniens le trouvèrent dans la nomination au poste de Catholicos de Monseigneur Kirimian, ancien patriarche arménien de Constantinople, exilé à Jérusalem à cause de son patriotisme (1). »

M. Cambon renvoie ici à ses dépêches de l'année précédente sur les événements de Césarée et de Marsivan (janvier 1893), le procès d'Angora (mai-juin), l exécution de cinq condamnés pendus au mois de juillet. Ils étaient quinze d'abord : la peine de mort fut commuée pour dix d'entre eux en huit ans de travaux forcés (2).

« Par sa rigueur, la Porte consacrait un mouvement qui compte à présent des martyrs ; par son entêtement à maintenir en Arménie un véritable régime de terreurs, arrestations,

---

(1) V. *Livre jaune*, p. 12.
(2) Cf. *ibid.*, p. 10, une dépêche de M. de la Boulinière, chargé d'affaires de France à Constantinople à M. Deville, ministre des affaires étrangères, datée de Thérapia le 6 août 1893.

assassinats, viol, etc., elle semble prendre
plaisir à hâter les événements. Il y a quinze
jours, des troubles si graves ont éclaté à
Yuzgat qu'on parle, à la Porte même, de
500 victimes.

L'ambassadeur, reconnaissant les difficultés
pratiques de l'autonomie jadis rêvée, ajoute :

« Reste la promesse de réformes. Mais on sait ce
que vaut en Turquie ce genre de promesses.
« Pour introduire une réforme, il faudrait d'abord
tout réformer. Quant aux améliorations de
détail qui auraient peut-être satisfait les
Arméniens il y a dix ans, il est à craindre
qu'ils ne s'en contentent plus maintenant. »

Bref, en cette question que le Sultan laisse
ouverte et envenime à plaisir,

« le traité de Berlin sera remis sur le tapis et une
intervention s'imposera. Sera-ce demain ?
Sera-ce dans plusieurs années? Nous ne pou-
vons déterminer aucune date.
« Ce qu'on peut dire, c'est qu'en Turquie, les
situations les plus étranges se maintiennent
longtemps ; il faut seulement s'attendre tous

les jours à les voir craquer et ne pas s'en étonner (1). »

Il fallait surtout s'attendre aux solutions san-glantes, qui l'eussent été encore plus sans l'éner-gie de M. Paul Cambon et la courageuse inter-vention de nos consuls. Bornons-nous à glaner dans les témoignages officiels et incontestables quelques faits et quelques dates jalonnant la longue série des massacres avant et après l'octroi de la nouvelles Constitution turque.

(1) *Livre jaune*, p. 18.

V

LES MASSACRES SOUS ABD-UL-HAMID

1894-1897

A un simple résumé chronologique, trop éloquent dans sa sécheresse, nous ajouterons seulement quelques témoignages vécus, attestant les efforts de nos agents français et l'évidente mauvaise volonté de la Turquie secrètement encouragée par une complicité inavouable. Abd-ul-Hamid fut pour le Kaiser un ami compromettant, mais ce ne fut pas impunément pour ses sujets qu'il se sentait appuyé par l'Allemagne.

1. **Massacres de 1894.** — Evénement de Sassoun au sud du lac de Van, près de Bitlis et Mouch.

Lors de la perception de l'impôt, des Arméniens ruinés par les exactions des Kurdes (1) répondent au collecteur qu'il sera payé quand l'administration les mettrait à l'abri des aghas kurdes. La Porte

---

(1) Cf. plus haut, p. 22, ce qui a été dit de l'halif dans enquête qui suivit cette révolte.

envoya comme collecteurs un corps d'irréguliers turcs qui fut repoussé par les paysans arméniens. Ce fut le signal d'une répression féroce et d'une véritable chasse à l'homme. Trente villages furent pillés et incendiés jusque dans le vilayet de Diarbékir (1).

2. Massacres de 1893 et 1894. — Evénements de Césarée et Marsivan. Tuerie de Yurgat (2).

3. Massacres de 1895.

30 septembre. — Manifestation des Arméniens de Constantinople devant l'Eglise patriarcale de Koum-Capou. Charge et bagarre avec l'aide de la population musulmane contre les Arméniens inoffensifs (3).

1er et 2 octobre. — Emeute de Trébizonde (4); pillage et massacres organisés *(fin d'octobre et novembre)* à Erzeroum (5), Sivas, Diarbékir et Orfa.

(1) Voir le *Livre jaune*, p. 14 et 16 et p. 96, le rapport de la commission d'enquête enfin nommée sur les instances des ambassadeurs de France, d'Angleterre et de Russie qui constate l'exactitude des rapports parvenus à Constantinople aux trois ambassades.

(2) Voir plus haut, p. 38, la lettre de M. Paul Cambon.

(3) Lettre de M. Paul Cambon à M. Hanotaux, Thérapia, 30 sept. 1895. *Livre jaune*, p. 140.

(4) *Id.*, Thérapia, 12 octobre, p. 150.

(5) *Ibid.*, Péra, 31 octobre, p. 163.

Outre le *Livre jaune*, nous avons sur ces événements du mois de novembre 1895 les détails les
plus topiques dans le *Journal de la femme d'un
Consul de France en Arménie*, paru d'abord en
fragments dans la *Revue des Deux Mondes* puis
édité d'une façon plus complète par M. Masson-
Forestier en 1903 (1).

M. Maurice Carlier, envoyé comme consul à
Sivas (l'ancienne Sébaste, capitale de l'Arménie
première) (2) arriva le 17 août 1895 « à ce poste
de combat » où M. Paul Cambon lui avait dit, le
5 janvier précédent, de « s'attendre à tout. » Sa
femme (née Emilie Thévenin) a relaté dans un
journal de poignant intérêt les tueries que leur
énergie à tous deux contribuèrent à limiter. Il
convient de donner large place à ces témoignages,
plus précis que les procès-verbaux officiels et
plus expressifs, parce que relatant des choses
vues et reflétant plus vivement certains menus
faits forcément négligés dans les dépêches géné-
rales où se révèlent les procédés orientaux pris
sur le vif.

A peine arrivé à Sivas, M. Carlier constate que
les bruits sinistres circulent. « Il faut, note, le
17 août, le journal, tout attendre du *Grand Assas-*

(1) Paris, Félix Juven, in-8° de 156 p.
(2) Chef-lieu du vilayet sur la Kizil-Irmack, à une altitude
de 1.300 mètres, comptant alors 1.600 habitants.

sin. On le dit de sang arménien et persuadé que les Arméniens le tueront s'il ne prend les devants. »

C'est le 4 novembre qu'on commence à tuer au quartier arménien de Sivas, bien que, par son énergique intervention, notre consul ait protégé son voisinage. Mais les campagnes environnantes sont à la merci des assassins et les nouvelles des vilayets voisins (Diarbékir, Erzeroum) arrivenr précises et navrantes. Relevons les principaux traits où éclate davantage la participation du pouvoir.

« *5 novembre.* — Karahissar, Zara, Divzeghi sont en flammes. On y a tout massacré, sauf quelques centaines de très jeunes enfants laissés là au milieu des ruines.

« *7 novembre.* — Le consul de Diarbékir, M. Meyrier fait passer de très mauvaises nouvelles... Il (M. Carlier) estime qu'à moins d'un ordre formel du Sultan ordonnant les massacres, il n'y aura rien de bien terrible, Musulmans et Arméniens étant à son avis aussi lâches les uns que les autres. »

La durée et l'étendue des meurtres montra bientôt d'où venait l'inspiration avec, en plus, l'hypocrisie de faire croire à des provocations arméniennes.

« *11 novembre.* — Inouïe, la façon dont les tueurs
ont commencé à Erzeroum ! Ils ont égorgé,
dans son bureau, un agent de la mairie, un
Arménien, puis lui ont rasé la barbe et ma-
quillé la figure. Alors ils l'ont habillé en
Turc, puis ils ont promené son corps par la
ville en hurlant : Vengeance ! Vengeance !
Aussitôt soulèvement du peuple. »

Le 12 novembre, on entend au consulat des
feux de peloton. Renseignements pris, Mme Carlier écrit :

« On a tout tué dans le Bazar. Pas un Arménien
n'a survécu. Quelques-uns s'étaient réfugiés
dans un entrepôt, mais la troupe a fait une
sape par en dessous. Elle les tue en ce
moment à coup de baïonnette... C'est pour
cela qu'on entend plus de bruit, des soldats
repassent au bout de la rue chargés de butin,
les mains en sang. Deux officiers sont suivis
chacun par un hamal (porteur).

« La populace continue à piller... Cette populace
a commis des atrocités. Comme elle n'avait
pas d'armes, elle assommait ses victimes à
coups de matraque, de barre de fer ou leur
écrasait la tête entre des pierres — ou encore
allait les noyer dans la rivière devant leurs

femmes. On a vu ainsi passer des Arméniens qui n'essayaient pas de se défendre. On les déshabillait et on les mutilait horriblement avant de les tuer. »

Plus de cinq cents malheureux s'étaient réfugiés chez le consul, y compris les deux archevêques, le grégorien et le catholique, pendant que deux mille de leurs ouailles restaient assiégées dans l'église arménienne. M. Carlier rongeant son frein s'écriait : « Et dire que pas un des cinq cents... qui nous encombrent n'est capable de prendre un fusil ! »

Voilà cependant les hommes que le Sultan et ses partisans ont voulu présenter comme des provocateurs. Ils étaient peu capables d'entendre les conseils du consul : « Qu'ils sortent leurs grands coutelas et tiennent les Turcs en respect Après tout il n'y a jamais eu de sécurité dans ces pays et les chrétiens ont toujours dû y user de la force pour subsister. »

Et M. Masson-Forestier remarque avec raison qu'il suffit de feuilleter le *Livre jaune* et aussi le *Blue Book* pour voir « que presque partout les consuls tiennent le même langage aux Arméniens qui se trouvèrent bien du conseil ».

A la même date du 12, le journal relève ce trait significatif :

« J'apprends qu'à six heures, les muezzins du
haut des minarets ont félicité le peuple
d'avoir bien massacré.

« *13 novembre.* — En somme, il doit y avoir environ 1.200 tués, mais plus de cinq mille sont
saufs ; tout le quartier autour de nous est
resté intact. »

Mais quel triste spectacle, même après l'enlè-
vement des victimes d'une nouvelle tuerie, dans
la campagne, près du fleuve, où les coups de feu
avaient été entendus.

« Ce n'était pas la troupe, mais des montagnards
du dehors. Il paraît que les bords de la
rivière sont couverts de cadavres.

« Dans certains endroits les assassins jouent aux
boules avec des têtes qu'ils se lancent.

« Toute la ville sent une odeur de charnier : on
est obligé de fermer les fenêtres.

Aucun cadavre sur la route, mais du sang partout, poissant aux pieds, des débris de cervelle, des cheveux. Partout des maisons sac-
cagées.

Sur la route il (Panayotti, leur domestique grec)
a vu tuer sept ou huit Arméniens comme des
moutons, sans qu'ils aient tenté de se défen-

dre, muets. Et pourtant ce sont de solides gaillards.

« *Dimanche 17 novembre.* — C'est navrant que le sang ne cesse pas de couler. Hier 44 ont été tués sans bruit.

« *19 novembre.* — Le froid arrive, les meurtres diminuent. Hier on n'a tué que 16 Arméniens.

« *24 novembre.* — Dans le Zeitoun et dans le pays de Dan, les Arméniens (ceux-là sont d'origine circassienne) se défendent intrépidement (1). Dans les villages, on massacre toujours. A Sivas, nous comptons 1.500 tués, 300 magasins et 400 échoppes entièrement détruits, la misère des survivants est poignante.

« On voit des chiens passer, ayant à la gueule des débris humains : ils ont été déterrer des cadavres dans les champs.

« *26 novembre.* — Les sinistres turbans blancs qu'arborent les Turcs quand ils ont tué un *giaour* reparaissent en masse. Très significatif.

« *29 novembre.* — Sur la place du Konak, à deux

(1) Zeitoun « Victoire invraisemblablement héroïque de 6.000 Arméniens sur 50.000 Turcs » est un nom qui sonne mal chez les survivants du drame. (CONTENSON, *Chrétiens et Musulmans*, p. 32.)

pas du général de division, en plein jour trois
Arméniens ont été assassinés. Il n'y a pas eu
d'arrestation. »

L'autorité s'entendait d'ailleurs à faire le silence
et à cacher les responsables. Témoin ce trait :

« *8 décembre.* — Hier, un Turc qui avait beaucoup pillé et parlait trop haut, a été jeté en
prison, chaînes aux pieds. Il a continué,
citant des noms de chefs. Ce matin, on l'a
trouvé mort dans sa cellule. »

Le 1er juin de l'année suivante 1896, M. Carlier
qui avait contracté une grave maladie, reçoit son
changement pour Janina. Une foule d'Arméniens
profitent de son départ pour émigrer et, sur le
chemin du retour, sa femme décrit les scènes de
désolation qu'ils rencontrent.

« *17 juillet.* — Les boutiques éventrées restent
fermées, le commerce est tué pour longtemps, car par ici, on n'a pas massacré seulement des Arméniens, mais aussi des Grecs,
des Syriens et des Juifs — en somme tous
les riches.
« Notre marche est retardée par une masse de
chariots d'Arméniens qui nous précèdent.
D'autres nous suivent. Tous ceux de Sivas ou

des environs qui songeaient à émigrer en Europe, mais n'osaient à cause des brigands (1) ont profité de notre escorte. »

C'est à la fin d'octobre 1895 que les troubles avaient commencé au vilayet de Diarbékir et sans la fermeté du consul, M. Meyrier, énergiquement appuyé par M. Cambon, les massacres se fussent étendus davantage.

Il convient d'extraire du *Livre Jaune* les preuves de cette vigilante intervention des autorités françaises qui ne se laissaient tromper ni sur la prétendue bonne volonté du gouvernement turc, ni sur la soi-disant agression arménienne.

M. Paul Cambon écrivait à Saïd-Pacha, ministre des Affaires étrangères de Pera, le 4 novembre 1895, une note très circonstanciée, se plaignant de ce que, malgré l'insuffisance d'Asiz Pacha, vali intérimaire de Diarbékir, qu'il avait signalée, plusieurs semaines auparavant, celui-ci venait d'être confirmé dans ce poste. Le 30 octobre, le vice-consul avait signalé le mouvement musulman des protestataires qui réclamaient contre les réformes promises.

Aniz Pacha assurait au vice-consul qu'il répondait de la tranquillité du côté des musulmans.

(1) Surtout des Arméniens convertis de force au mahométisme et sûrs d'être massacrés s'ils renient la foi de Mahome

« ...L'événement a malheureusement prouvé, dit
   M. Cambon, combien étaient exactes les
   informations rapportées au vali par l'agent
   du gouvernement français. Il prouve péremp-
   toirement aussi combien est fausse la prétention qu'a la Sublime Porte d'imposer aux
   Arméniens le rôle de provocateurs...

« Notre agent, M. Meyrier, a vu de ses fenêtres,
   depuis deux jours, les représentants de la force
   armée faire cause commune avec la pire populace et se ruer sur les chrétiens (1). »

Sachant son consul menacé, M. Cambon lui
télégraphie ce mot laconique qui le sauva :

> « Pera, 4 novembre, 2 h. du matin.

« Vous pouvez dire à votre vali que sa tête me
   répond de la vôtre. Je viens de le déclarer au
   grand vizir (2). »

Résumant la situation d'alors, notre ambassadeur écrivit à M. Berthelot, alors ministre des
Affaires étrangères :

> « Pera, 7 novembre.

« La situation de l'Asie-Mineure reste très inquié-
   tante. Aux observations des ambassadeurs,

(1) *Livre jaune*, p. 167, Péra, 4 novembre.
(2) *Ibid.*, p. 170.

la Porte a répondu par l'annonce d'une levée
de 60.000 hommes de réserve en Asie-Mineure
et 15.000 en Syrie ; mais ils ne sont pas organisés. On peut se demander s'ils ne contribue-
ront pas à augmenter le désordre.

« ...A Erzeroum, 350 Arméniens et 12 Turcs ont
été tués. Cette proportion indique le caractère de la lutte.

« A Diarbékir où le massacre a duré pendant
trois nuits consécutivement, notre consul
estime à 5.000 le nombre des victimes (1). »

Il n'est pas inutile, à propos de cette annonce
d'une levée d'hommes qui inquiétait à bon droit
l'ambassadeur, de décrire l'effet habituel en ces
pays d'une « convocation des rédifs ou soldats de
la réserve ».

« Il faut avoir habité la Turquie, écrit M. de
Contenson, pour savoir qu'un appel de rédifs
produit sur les populations le même effet que
l'annonce d'une invasion de sauterelles, du
choléra ou de la peste. Pendant les jours qui
suivent, on ne peut s'aventurer ni sur les
routes, ni même souvent dans les rues des
villes. Des bandes de ces malheureux, violem-
ment arrachés à leurs familles et à leurs tra-

_____

(1) P. 171.

vaux pour un temps qu'ils ignorent, et en rejoignant leurs lieux de mobilisation, se livrent à tous les excès (1). »

Les événements d'Orfa, meurtres, incendies et viols que Mme Carlier se refusait à décrire (2), ont été consignés dans le rapport officiel publié au Supplément du *Livre jaune* des Affaires arméniennes. (3)

Je préfère citer la relation recueillie de la bouche de témoins oculaires par le même voyageur auquel nous avons déjà emprunté plus d'un renseignement topique constaté *de visu*.

Il y eut à Orfa, l'ancienne Edesse, le 28 octobre, une première échauffourée « sorte de répétition manquée d'un drame qui devait être joué deux mois après », où les Kurdes et les Arabes tuèrent une soixantaine d'Arméniens, mais pillèrent, avec les boutiques de ceux-ci, des magasins musulmans.

Mais le 28 décembre, après de longs pourparlers pendant lesquels le gouvernement, tout en rassurant les inquiétudes des Arméniens, leur a fait livrer leurs armes,

(1) *Chrétiens et musulmans*, p. 31.
(2) Le 29 janvier 1896, Mme Carlier avait écrit dans son journal : « On parle à Orfa, du côté de Diarbékir, d'horreurs telles que je n'ose écrire ce qu'on nous rapporte. »
(3) P. 16-18.

« le bataillon de rédifs d'Alep, récemment arrivé,
se mit à cerner le quartier arménien du côté
de la campagne et à fermer les issues du côté
de la ville... le bataillon des rédifs d'Orfa,
seul capable de se diriger dans le dédale des
rues de la ville dont il est originaire, est partagé en sections et en escouades. Chacune est
chargée d'opérer dans un secteur déterminé. »

La tuerie commence à midi au signal des
muezzins, et les soldats flanqués d'habitants armés
exécutent leur consigne qui est de tuer tous les
hommes valides. « On pillera et violera ensuite. »
Et l'on tue jusqu'au soir, s'arrêtant au signal du
clairon. Le lendemain, reprise de la funèbre
besogne, le cordon de surveillance étant demeuré
son poste pour empêcher toute fuite.

Plus de deux mille malheureux se sont réfugiés
dans la cathédrale arménienne.

« Je l'ai visitée cette église, écrit M. de Contenson... elle mesure quarante-cinq pas de
long de la porte d'entrée au fond de l'abside
et trente-deux pas de large. Quand les Turcs
y pénétrèrent, les uns voulaient enlever les
femmes et les jeunes filles, d'autres piller les
bijoux et les trésors qu'on y avait apportés,
d'autres continuaient à massacrer et un der-

viche, célèbre par son fanatisme, avait établi
une sorte de billot où il coupait les têtes sans
se lasser (1). »

Ce forcené qui tirait gloire de ses exploits était
encore à Alep quand y débarquèrent nos voya-
geurs :

« Un derviche qu'on nous montre au bazar se
vante d'avoir massacré quatre-vingt-dix-neuf
chrétiens à Orfa, il tua un chien pour compléter la centaine (2). »

Enfin le massacre allait trop lentement à leur
gré :

« Les musulmans montèrent dans la tribune et
les galeries des bidons de pétrole dont ils
arrosèrent les réfugiés. On y mit le feu et
bientôt il n'y eut plus qu'un immense brasier
de chair humaine sur lequel s'effondraient de
temps à autre les galeries chargées d'Arméniens dont les supports étaient rongés par le
feu.

« Aujourd'hui les murs encore debout de la basi-
lique apparaissent noircis par la fumée sur
toute leur étendue. Leur base jusqu'à hauteur

(1) *Chrétiens et musulmans*, p. 60.
(2) *Ibid.*, p. 16.

d'homme est garnie de traces de sang. Des interstices du pavé, je fais sortir avec une canne une sorte de graisse brûlée, à l'odeur âcre. C'est do la chair humaine réduite en une sorte de bouillie qui est venue se loger là.

« Ce monument a d'ailleurs été nettoyé et désinfecté dans toutes les règles. On chargea les juifs de cette besogne et ils y trouvèrent leur profit, car mainte famille arménienne avait apporté avec elle dans ce soi-disant refuge tout ce qu'elle possédait en argent et en bijoux. Ce fut le salaire du fossoyeur.

« En même temps qu'avait lieu l'incendie de l'église, le clou du drame, dans la journée du 29, le massacre, les enlèvements de femmes et le pillage avaient pris la plus large extension dans le quartier arménien...

« Enfin le soir, au coucher du soleil, quatrième et dernière sonnerie de clairon. La tragédie touchait à sa fin (1). »

Aux massacres de 1895 se rattache le meurtre du P. Salvator, sujet italien, mis à mort avec onze de ses compagnons, par les soldats qui les conduisaient en prison.

_____

(1) Contenson, *ibid.*, p. 62.

« Il est bien avéré à présent, écrivait le 13 janvier 1896, M. Paul Cambon, que le supérieur
de la mission des Pères de Terre-Sainte de
Jenidjé, près Marache, le Père Salvator a
été tué entre Moutchouk-Déreni et Marache
par la troupe qui l'emmenait prisonnier (1). »

Le meurtrier responsable, le colonel Mahzar-
Bey fut rencontré le 1er avril 1897 par le voyageur
français déjà cité, près du pont de Mourad-Pacha
jeté sur le Kara-Sou sur la route d'Alexandrette.

« Voyageant en personnage de distinction, à
cheval, accompagné à sa gauche d'un officier
turc qui lui cède le pas », il recevait des
« marques de profonde déférence des quatre
gendarmes » qui formaient pour lui l'escorte
réservée en Orient aux fonctionnaires d'importance. »

« Il semble, écrit M. de Contenson, avoir pris
assez philosophiquement ses procès de
Marach et d'Alep et son exil au Hedjaz, pour
lequel il s'embarque à Alexandrette. On
pense dans le pays, que dans moins d'un an,
on verra arriver dans un coin de l'Empire
ottoman, sous le nom de quelque Suleïman

(1) *Livre jaune*, p. 196.

ou Osman-Pacha, un général qui ressemblera trait pour trait à Mahzar-Pacha (1). »

Au reste, les scandaleuses faveurs accordées aux bourreaux les plus zélés des Arméniens, tel que ce Zekki-Pacha que stigmatisent les dépêches de M. Meyrier, de Diarbékir, au 5 octobre 1894 (2), et Bergeron, d'Erzeroum, le 24 novembre, crient assez haut la part du gouvernement dans ces tueries.

L'opinion des Turcs était exprimée avec un cynisme naïf par la réflexion d'un des camarades du colonel exilé pour la forme un an après son attentat. « C'est un maladroit : pourquoi s'est-il attiré des difficultés en assassinant un Européen, tandis qu'il pouvait massacrer librement des centaines d'indigènes ? »

Les détails rapportés jusqu'ici nous dispensent d'insister sur les étapes de l'année sanglante qui suivit 1895 et continua le système turc. Il suffira du court résumé chronologique, cité à l'Appendice.

4. **Massacres de 1896.** — Il suffirait de relever, dans les dépêches de notre ambassadeur M. Paul Cambon au ministre des Affaires étrangères, M. Berthelot, puis M. Bourgeois, quelques faits et

(1) *Chrétiens et musulmans*, p. 13.
(2) *Livre jaune*, n° 10, p. 15 et 19.

quelques dates, pour montrer comment se sou-
dent les massacres de 1895, avec ceux de l'année
suivante et qu'elle fut dans les uns et les autres
la connivence des autorités turques.

« Dans le vilayet de Sivas, à Vézir-Kenpru, loca-
lité voisine de la frontière du sandjak de
Samsoun, plus de 200 Arméniens ont été tués
vers le milieu de décembre...

« A Diarbékir... les Turcs ont failli amener, le
31 décembre, un retour des désordres... La
situation demeure néanmoins précaire dans
cette ville. Des comités secrets musulmans,
dont le vali Aniz Pacha ne serait pas le membre le plus inactif s'y sont fondés... Je n'ai
cessé de demander à la Porte le remplace-
ment du vali... (1) »

« Avant-hier, des désordres ont eu lieu à Killis, à
huit heures d'Alep. La Porte avoue dix morts
parmi les Arméniens et un certain nombre de
blessés, dont quatre musulmans (2). »

« Notre consul à Erzeroum fait savoir que, dans
les environs de Van, les Kurdes ont saccagé
des villages, tué 30 Arméniens ou Nestoriens,
blessé un grand nombre d'habitants... »

(1) *Livre jaune*, p. 195, à M. Berthelot, de Péra, le 13 janvier 1896.
(2) Le même au même, de Péra, le 28 mars 1896, *ibid.*,
p. 219.

« Le meurtre d'un prêtre arménien catholique et
de quatre fidèles de sa communauté à Killis
est confirmé : il a eu lieu le 8 mars. D'après
les renseignements de notre consul à Alep
le total des morts serait de cent (1). »

« Le 26 août 1896, avait lieu l'attentat contre la
Banque ottomane à Constantinople, événement dans lequel on a vu un coup de déses-
poir d'une bande arménienne décidée à attirer
coûte que coûte l'attention de l'Europe sur
sa malheureuse nation, mais dont en réalité,
la cause est restée mystérieuse (2). »

Nul ne sait si l'histoire expliquera jamais cette
énigme et trouvera le moyen d'établir d'où par-
taient au juste les provocations. Ce qui est avéré
c'est l'atrocité de la répression, cet événement
étant devenu le signal d'un massacre systématique
de tous les Arméniens.

Notre chargé d'affaires à Constantinople, M. de
la Boulinière écrivait à M. Hanotaux, de Thérapia,
le 3 septembre :

« Des hordes sauvages se précipitaient sur toutes
les maisons arméniennes et faisaient une véri-

(1) *Livre jaune*, p. 222, lettre à M. Bourgeois, ministre des
Affaires étrangères.
(2) CONTENSON. *Les Réformes en Turquie*, p. 30.

tablé boucherie de leurs habitants. Deux des
secrétaires d'ambassade qui se trouvaient
dans le haut de Pera... ont été témoins de
l'acharnement des assassins. Armés de leurs
gourdins ensanglantés, les mains et les vête-
ments rougis, ceux-ci ne faisaient quartier à
aucun Arménien, les assommant froidement
et s'acharnant sur des cadavres. Des officiers
connus de nous tous encourageaint le meurtre
et le pillage des magasins, et pas plus la
troupe que la police ne songeaient à arrêter
ces scènes de sauvagerie. »

« Nous nous sommes trouvés de nouveau en présence du système inauguré lors des massacres du 30 septembre 1895 : déchaîner la lie
de la populace, et s'en faire, après les troupes, un rempart et un appui, en laissant libre
cours à ses passions fanatiques et sangui-
naires (1). »

Cet acharnement des bourreaux multipliant les
blessures a été constaté d'une façon topique. Après
l'une des échauffourées qui ensanglantèrent Constantinople et firent des milliers de victimes parmi
les Arméniens inoffensifs, les sœurs françaises de
Saint-Vincent-de-Paul avaient obtenu de chercher

(1) *Livre jaune*, p. 274.

si, parmi les 3.000 cadavres apportés sur soixante
tombereaux à Schichli, quelques victimes encore
vivantes ne risquaient pas d'être enterrées avec
les morts. L'extraordinaire vitalité de l'Arménien
qu'on voit parfois se relever d'horribles blessures
inspirait le charitable dessein. Sur ce nombre
trois Arméniens dont un enfant respiraient encore
et furent sauvés, et le moins blessé avait le crâne
ouvert et, dans la poitrine, sept coups de baïonnette. Pour qu'il ne survécut que trois victimes
sur ces trois mille, il fallut que la rage des meur-
triers multipliât ses efforts.

La tuerie de Constantinople n'était qu'un
signal.

Le mois suivant, en septembre, à Eghin, de
nombreux massacres accompagnés de la destruction des maisons arméniennes signalèrent le zèle
du gouverneur, qui quelques jours après fut favo-
risé d'un avancement.

La monotonie de ce résumé funèbre ne doit
pas pouvoir être aisément rompue, puisque rien
ne ressemble plus à un massacre qu'un autre
massacre. Elle disparaîtrait cependant si l'on avait
le loisir de signaler en détail les conversions à
l'islamisme imposées aux survivants.

« C'était, remarque un juriste, un moyen très sûr,
en enlevant l'Empire à l'influence chrétienne,

de le faire échapper au contrôle de l'Europe (1). »

La politique panislamique du Sultan, affirmant de toutes façons son pouvoir personnel sous les apparences hypocrites de conseils demandés aux puissances et tout en multipliant des promesses ou des plans de réforme qui leurrèrent trop longtemps les cabinets européens, trouvait son compte à désagréger l'Arménie. Le coup de force qui contraignit le Patriarche Mgr Izmirlian, élu en janvier 1894, à démissionner à la fin de l'année suivante ouvrit les yeux des plus aveugles. Il était évident que la Porte ne lui pardonnait ni son rapport ou takrir du mois de mars 1895 adressé aux ambassades de France, d'Angleterre et de Russie, ni surtout la part qu'on lui prêtait dans le *Memorandum* des puissances présenté le 11 mai suivant (2). Le Sultan y avait répondu par un contreprojet que M. Cambon a nommé un « travail informe, ne contenant aucune disposition de garantie ».

Mis au pied du mur, par le libellé collectif des trois puissances du 20 octobre 1895, qui l'engageait à fond, Abd-ul-Hamid, procédant par élusions successives, multipliait les coups de force, sûr qu'une intervention armée — la seule chose

(1) SURBÉZY, p. 29. Cf. *Livre jaune*, p. 229.
(2) Voir le texte de ce projet au *Livre jaune*, p. 45 à 46·

qu'il redoutât — serait entravée par son ami et associé de Berlin. La nomination de Mgr Bartholomeos, ecclésiastique tout dévoué au Sultan, après la démission du Patriarche et surtout la partialité révoltante du tribunal de répression, institué sur les désordres de Constantinople du mois d'août 1896, faillirent acculer l'Europe à cette intervention qu'elle s'accordait surtout à éviter.

Le tribunal d'exception dont les puissances avaient exigé la suppression le 9 novembre 1896, siégait encore le 14 et ne cessa que sur la menace que fit M. Cambon de quitter Constantinople.

Alors fut accordée, sous la contrainte, l'amnistie générale du 22 décembre, après que Mgr Maghaki Ormanian, archevêque et supérieur du grand séminaire d'Armache, élu Patriarche le 19 novembre et installé le 10 décembre, après sanction du Sultan, eût déposé une note ferme et modérée qu'un décret impérial acceptait, non sans réserve.

Cette demi-satisfaction accordée de force aux Arméniens, avait pour unique but de débarrasser le Sultan de l'ingérence de l'Europe. Cet apaisement passager ne constituant aucune garantie d'avenir consacrait la faillite de l'article 61 du traité de Berlin; il démontrait aussi que la Turquie refusait finalement de donner à ses sujets chrétiens la preuve modique « de bonne volonté et d'humanité » sanctionnée par cette clause de 1878. Pour-

quoi, et qui devait payer les frais de la tran-
saction pacifique qui avait fini par prévaloir, malgré la déclaration de lord Salisbury, disant, le
20 octobre 1896 : « Il est devenu évident qu'à
moins que ces grands maux puissent être supprimés, la longanimité des puissances de l'Europe ne parviendra pas à prolonger l'existence
d'un Etat que ses propres vices font tomber en
ruine. »

Il sera trop aisé à l'histoire de répondre. Mais
avant de signaler dans ces agissements la main de
l'Allemagne, rappelons l'admirable conduite de
nos consuls aux plus sombres jours des massacres.

Le 27 juillet 1896, M. Cambon, au palais de
l'ambassade à Thérapia créait chevalier de la
Légion d'honneur, M. Maurice Carlier « en même
temps que ses collègues, Meyrier et Roqueferrier (1). »

« Nul n'a fait plus que vous, lui disait-il. Résidant
    dans le vilayet qui comptait la population
    arménienne la plus nombreuse, vous avez
    réussi par votre activité, par votre dévoue-
    ment à ce que ce fût celui qui comptât *le
    moins* de victimes. Ce beau résultat est votre
    œuvre personnelle (2). »

(1) Mme Emile Carlier, *Au milieu des massacres*, p. 123.
(2) *Ibid.* p. 125.

Le *Journal officiel* du 25 janvier 1903, accordait la même distinction à la femme de ce vaillant qui, nous l'avons vu, contribua par son énergie à ramener saine et sauve jusqu'à la mer la caravane des Arméniens qui s'exilaient de Sivas. Et il faudrait citer ici la magnifique page écrite à l'éloge de Mᵐᵉ Meyrier, femme du consul de Diarbékir à qui fut accordé le grand prix Audiffred pour avoir préservé aussi du massacre une colonne de réfugiés qu'elle défendit comme un général couvre une retraite désastreuse (1).

Quant au consul d'Erzeroum, qui en 1903 était agent consulaire au Brésil (Sao-Paolo), voici son éloge sous la plume autorisée de Mᵐᵉ Carlier:

« Echappé à la tuerie des rues de Trébizonde et ayant eu grand'peine à gagner son poste, M. Roqueferrier n'a pas craint de se risquer hors du consulat et d'encourir la colère des autorités en les sommant d'arrêter le massacre. Eusuite, tandis qu'on enterrait en secret les victimes et qu'il y avait défense aux chrétiens d'approcher, il est arrivé, son appareil photographique à la main, et a pris des clichés effroyables (2). »

(1) M. Victor Bérard a inséré cette magnifique citation à l'ordre du jour, dans son beau livre *La Politique du Sultan*.
(2) Mᵐᵉ Carlier, p. 123.

Il faudrait relever, au *Livre jaune*, la liste de tant de dévouements analogues, sans compter les actes obscurs des représentants de la France en Orient, toujours dignes de leur passé. Un mot résume tout : nos consuls ont été héroïques. Ils ne pouvaient aller au delà. Il eût fallu, il est vrai, comme ils le souhaitaient tous, pour la sécurité des opprimés et l'honneur complet du pays, qu'ils pussent faire davantage.

Certains publicistes pourtant ont jugé que ce fut trop, se faisant les défenseurs du **Sultan** contre les Arméniens traités par eux de purs rebelles. Taire ces divergences serait manquer à l'histoire, qui leur doit une mention, comme elle enregistrera le rôle odieux joué dès lors par l'Allemagne tentaculaire et son Empereur, ami et flatteur du Sultan rouge.

VI

VOIX DISCORDANTES

Ne faut-il pas ranger sous ce titre l'attitude de la presse trompée ou volontairement muette? Que devraient penser nos consuls en recevant les journaux de France? Mme Carlier a cité dans son *Journal* au 30 novembre 1895, alors que le massacre bat son plein à Sivas, la version qu'ils donnaient des événements d'Orient. « Les révoltés arméniens ont attaqué traitreusement les Hamidiés. Ils ont été défaits. » C'est tout.

Quelle amertume dans cette constatation ! M. V. Bérard, publiant le volume de Géorges Gaulis *La Ruine d'un Empire*, a dit dans sa préface ce que dut éprouver souvent cet informateur consciencieux, lorsqu'étaient tronquées ou affadies les informations que durant son premier séjour à Constantinople (septembre 1895 à octobre 1898) il essayait de donner au public français sur les massacres arméniens.

Mais il faut flétrir, plus encore que des réticences volontaires ou non, des manifestations qui ressemblèrent trop à des complicités.

La brochure intitulée L'*Agitation Anglo-Arménienne*, signée P. Abdon Boisson, tirage à part d'un article paru dans la *Nouvelle Revue moderne* du 15 avril 1890, est instructive à cet égard, bien qu'elle ne présente guère d'argumentation sérieuse. C'est une pure apologie du Sultan et un pamphlet contre l'Angleterre.

Plus significatif encore est un opuscule de 102 pages du vicomte R. des Coursons : *La Rébellion arménienne, son Origine, son But*, publié à Paris, en 1895, à la Librairie du service central de la Presse.

J'ai dit plus haut comment les Kurdes semblent à cet auteur plus intéressants que les Arméniens, dont, pour lui, l'agitation révolutionnaire est fomentée par l'Angleterre. Il va sans dire qu'il tourne en dérision le memorandum des réformes proposé par les puissances.

A propos des massacres de Sassoun qu'il essaie de réduire à fort peu de chose en invoquant — la caution est mince — une information américaine, il s'indigne de la prétention d'une enquête en apportant cet argument énorme : « Qu'aurait dit le gouvernement français si ses voisins lui avaient imposé une enquête après l'Affaire de Fourmies ? » Mais faut-il s'étonner de voir traiter

ainsi la question du droit d'intervention en Turquie ? L'auteur qui affecte des allures très aris-
tocratiques ne dit-il pas dédaigneusement que
« les finesses diplomatiques ne sont pas le fait
des démocraties » ? (I).

Il est certainement plus porté vers les amis du
pouvoir personnel comme l'Empereur Guillaume,
dont il recommande l'alliance, et surtout Abd-
ul-Hamid.

Quoi qu'il en soit, un de ses lecteurs à la
Bibliothèque nationale, un Arménien réfugié peut-
être, qui était peu au fait de notre langue a
constellé les marges d'apostrophes indignées,
où je relève celle-ci : « Combien vous êtes payé
par le Sultan le Rouge pour tenir un pareil langage ? »

Je me bornerai, pour ma part, à édifier les
lecteurs par cette courte et suggestive citation :
elle suffit à châtier l'auteur par son propre texte.

« Jusqu'à ce jour la sagesse et l'habileté du
Sultan ont épargné à l'Europe le fléau d'une
guerre générale ; pour que cela dure, il faut
que ces Etats soutiennent personnellement
Abd-ul-Hamid avec loyauté, avec désintéres-
sement, avec énergie, avec persistance.

(1) P. 98.

« Car la tranquillité en Orient, c'est la paix en Europe (1). »

Ce *satisfecit* décerné au Sultan rouge en 1895 ressemble singulièrement à l'approbation du Kaiser lui envoyant son portrait après les massacres de Constantinople de la même année. C'est le lieu de montrer sommairement et d'après des autorités irrécusables, la main allemande s'avançant vers l'Orient et les étapes successives de cette « pacifique conquête. »

(1) *Op. cit.*, p. 99

VII

L'ALLEMAGNE TENTACULAIRE

à Constantinople

et dans la question arménienne

L'expression l'*Allemagne tentaculaire* dont Karl Lamprecht a voulu faire un éloge est plus exacte encore que les pangermanistes les plus résolus ne veulent l'avouer. Pour nombre de publicistes ou d'historiens, l'appétit germanique ne s'ouvrit qu'au fameux voyage du 1er novembre 1889 lorsque Guillaume II, qui venait de marier sa sœur au prince de Sparte Constantin, aujourd'hui, régnant à Athènes, franchit les Dardanelles à bord de son yacht le *Hohenzollern*. Il faut remonter plus haut dans ces projets un peu confus de poussée orientale *Drang nach Osten*, où l'on devait rencontrer comme obstacle l'Arménie et par suite la tuer. C'est après la guerre de 1870 que l'Allemagne songea pour la première fois à compléter en Orient sa victoire.

Citons un historien, juriste doublé d'un diplomate et d'un observateur averti. En 1882 M. Edouard Engelhardt, ministre plénipotentiaire, après un séjour en Orient d'une vingtaine d'années publiait à Paris en deux volumes une *Histoire des réformes dans l'Empire ottoman depuis 1826 jusqu'à nos jours* (1).

Or à côté de son sujet, l'auteur en indique un autre à traiter dont l'énoncé suffit à préciser l'origine vraie des appétits germaniques en Asie.

> « La guerre franco-allemande fut fatale à la réforme. Elle n'eut pas seulement pour effet d'amoindrir le rôle de l'Etat qui s'était fait en Turquie l'initiateur **d'une œuvre de conciliation et de progrès (2).** »

Tout d'abord une réaction de barbarie musulmane répondit à la victoire allemande qui faisait crier aux fanatiques : « Les Prussiens triomphent : nous allons nous débarrasser de la civilisation. » Et ce mot répondait à celui qu'on entendait répéter en Prusse avant 1870: « Que la France nous laisse en paix avec sa civilisation, nous n'en voulons pas. »

Mais, de plus, l'idée d'une succession à recueil-

(1) *La Turquie et le Tanzimât* (Tanzimât, réforme, du mot arabe *Tanzim*, organisation).
(2) T. II, ch. VIII, p. 87.

lir s'empara du vainqueur pour compléter son triomphe.

« L'on conçoit, écrit Engelhardt, que la Prusse
se soit efforcée d'ébranler en Orient le crédit
d'un adversaire qu'elle n'avait pas encore
tout à fait abattu. Tout au plus pouvait-on
discuter la moralité des moyens qu'elle
employait dans ce but (1). »

Peu scrupuleuse, la religieuse Allemagne, ne
trouva **rien déjà de** plus efficace qu'une campagne islamique prêchée en Algérie, dès le mois
de décembre 1870. Et indiquant les complicités
de l'histoire européenne d'alors, l'auteur disait :

« Il y aurait un curieux chapitre à écrire ici sur
les entreprises diverses de la coalition tacite
qui, unissant dans une même pensée de
convoitise amis et ennemis, s'avisa de re-
cueillir, comme si elle était ouverte, la
succession orientale de la France vaincue (2). »

Ce n'était pas le sujet de l'historien des réformes
en Turquie de développer cette matière, et ce
serait sortir aussi de la question strictement
arménienne de marquer les étapes ou les glisse-
ments de la tentacule allemande vers Bagdad.
Un guide excellent y aiderait les esprits curieux

(1) *Ibid.*, p. 89.
(2) Engelhardt, p. 87.

de suivre sur ce terrain l'évolution allemande, c'est ce Georges Gaulis qui, durant ses divers séjours à Constantinople « acquit des Turcs, de leur gouvernement, de leurs relations avec leurs sujets, leurs créanciers, leurs fournisseurs, leurs amis et leurs ennemis, une connaissance que deux ou trois Européens seulement ont eue depuis un demi-siècle (1) ».

Il a décrit dans le détail « la poussée du commerce et de la finance allemande vers cet ancien domaine de l'influence française » depuis l'époque où Bismark, qui avait jadis professé avec ostentation n'ouvrir jamais le Courrier de Constantinople, transforma à petit bruit, en 1873, la légation allemande de Turquie en ambassade.

On voit dans son étude le rôle respectif des divers ambassadeurs, le prince de Reuss, dont le faste posa l'ambassade, le comte de Hatzfeld, son successeur en 1880 qui négocia et conclut en 1890 le traité de commerce « l'acte politique le plus important de l'Allemagne en Orient (2) ».

M. d'Hatzfeld devint sous-secrétaire aux Affaires étrangères.

« Son successeur, M. de Radowitz, n'eut qu'à
    marcher dans la direction indiquée. Ce qu'on

(1) *La ruine d'un Empire,* p. VII.
(2) *Ibid.,* p. 114.

appelait alors le Concert européen, c'est-à-
dire l'accord apparent des puissances signataires du traité de Berlin, disparaît devant
l'âpreté de l'Allemagne dans sa lutte pour la
vie industrielle et commerciale. L'ambassade
met au premier rang de ses préoccupations
les questions d'affaires. Les Krupp et les
Mauser deviennent des fabricants officiels,
et le placement de leur lourde marchandise
une question d'Etat. La diplomatie couvre
de son ombre la *Deutsche Banke* qui fait son
entrée en 1888 dans les chemins de fer otto-
mans. Le petit commerce se faufile partout
et profite de l'aubaine. »

Il serait intéressant de suivre avec M. Gaulis le
rôle de chacun des ambassadeurs, depuis le jour
surtout où le voyage de Guillaume II au Bosphore
donna pleine confiance à l'impérialisme de Abd-
ul-Hamid qui se sentit compris et appuyé. Même
avant d'avoir rencontré le Kaiser, le Sultan avait
eu toujours l'habileté de recourir à l'Europe, soi-
disant pour réorganiser les administrations qu'il
brisait en sous-main ou démoralisait par l'espion-
nage, la délation, l'irrégularité des paiements et
les empiétements du pouvoir personnel (1).

(1) *Ibid.*, p. 161.

Les deux princes, comme les deux peuples, étaient nés pour s'entendre. On l'a fort bien dit.

« Le Prussien et le Turc ont entre eux des points
de contact qui les appellent respectivement
au même rôle politique. Si l'un s'est emparé
de l'hégémonie allemande, comme l'autre a
conquis la suprématie sur les peuples musulmans, ils ne le doivent ni l'un ni l'autre à une
supériorité d'intelligence ou de culture... Par
l'esprit militaire, par le sentiment de l'autorité et de la discipline, la volonté, la rudesse
et même la brutalité, le Prussien et le Turc se
rapprochent étonnamment l'un de l'autre (1). »

Malgré ces affinités de race, les deux despotes étaient encore mieux préparés à se comprendre, avec l'aide de ministres suffisamment souples. A cet égard, l'ambassadeur allemand, au temps des massacres, était le rêve; c'était le parfait agent, l'automate docile « suspendu à un fil » dans la main de son maître. Avec lui, pour nous borner aux choses d'Arménie,

« ...la diplomatie allemande ne se départit jamais
de la plus extrême prudence, et elle ne dé-
tourna jamais les yeux de la colline d'Yldiz,

(1) CONTENSON, *Chrétiens et musulmans*, p. 86.

terme de ses sympathies et de ses espérances. Lorsque le Concert européen obtint pour chaque nation le droit d'introduire un second stationnaire dans le Bosphore, l'Allemagne fut seule à ne pas profiter de la permission : elle ne voulut pas faire au Sultan l'affront d'un canon de plus devant Constantinople (1) ».

Citons le texte même des dépêches officielles publiées dans le *Livre jaune*, notifiant cette décision :

« M. Soulange-Bodin, chargé d'affaires de France à Berlin, à M. Berthelot, ministre des Affaires étrangères.

« Berlin, le 18 novembre 1895.

« La Chancellerie impériale ne croit devoir ni doubler le stationnaire allemand à Constantinople, ni envoyer en Orient d'autre bâtiment que le navire école *Moltke* qui est arrivé à Smyrne il y a deux jours, et doit y rester jusqu'à nouvel ordre. Le baron Marschal veut espérer qu'il n'y aura pas besoin d'autre démonstration navale pour amener le Sultan à écouter les conseils des Puissances (2). »

(1) GAULIS, p. 120.
(2) N° 143, p. 182.

De Constantinople, M. Paul Cambon mandait le lendemain à M. Berthelot.

« Pera, le 19 novembre 1895.

« L'ambassadeur d'Allemagne a reçu de Berlin l'ordre de faire au Sultan les plus sérieuses représentations, de lui dire que, malgré l'absence de son escadre dans la Méditerranée, l'Allemagne n'en était pas moins en accord complet avec les autres puissances et que l'anarchie ottomane finirait par ébranler son trône et lasser la patience de l'Europe. Le baron de Saurma a fait une communication dans ce sens à un des secrétaires du Palais (1). »

La *Gazette universelle de Francfort* du 18 juin 1893 avait déjà fait étalage de la vigueur des représentations allemandes. Les paroles étaient largement démenties par la conduite, et quand les intimes conseillers du Sultan lui disaient : Courage, tenez bon, ils sont à six moins dangereux qu'un seul, on peut ajouter avec Georges Gaulis : « Mais d'où leur venait à lui et à eux cette certitude ? (2) »

Il y a mieux cependant, et le scandale de l'ap-

(1) *Ibid.*, n° 146, p. 183.
(2) *Op. cit.*, p. 121.

probation, uni d'ailleurs à l'hypocrisie de blâmes officiels, atteignit le comble du cynisme.

« Quelques jours après les grands massacres de Constantinople, l'Empereur Guillaume envoya sa photographie à Abd-ul-Hamid : les ambassadeurs qui avaient vu le sang couler devant leurs portes envoyaient alors leurs protestations en des termes qui froissaient très vivement une cour accoutumée depuis quinze ans aux douceurs du langage.

« Le baron de Saurma se joignit sans difficulté à ces démarches, et même en présence du ministre des Affaires étrangères Tewfik Pacha, il donna libre cours à son indignation. Mais la gracieuseté de l'Empereur corrigea ce que la [conduite de l'ambassadeur avait eu d'un peu trop spontané, et l'on prit moins garde à l'initiative de M. de Saurma qu'à l'attitude rassurante des officiers de la mission allemande (1). »

En 1898, lors du fameux et théâtral voyage en Terre-Sainte, le Kaiser trouva le secret d'enchérir encore et George Gaulis qui avait suivi l'expédition comme correspondant du *Journal des Débats*

(1) *Ibid.* p. 122.

écrivait de Bethléem, le 30 octobre, ces lignes vengeresses :

« Pour mon compte, il m'a été donné d'apercevoir devant la Sainte-Crèche, le vali de Damas qui fait partie de la suite de l'Empereur. Il n'est autre que ce Nazim-Pacha, ancien ministre de la police pendant les massacres arméniens. La présence en ce lieu de l'homme qui fit tuer tant de milliers de chrétiens pour obéir à son maître, m'a paru d'une ironie presque intolérable. C'est pourtant le symbole de l'alliance qui s'est faite entre Berlin et Constantinople à la faveur des tueries de 1896. Guillaume II introduit Nazim dans la grotte de la Nativité (1). »

Or, le même publiciste qui durant ce voyage se déclara plus d'une fois froissé dans son âme de protestant par l'attitude de cet empereur comédien, avait, à l'heure où l'expédition de Terre-Sainte n'était qu'un projet annoncé, multiplié les leçons à nos politiques sur le danger allemand en Palestine et sur les avances faites par Guillaume aux rites anciennement protégés par la France. Il disait de l'Allemagne aux aguets :

(1) GAULIS, p. 170.

« A tous les Père Salvator mal vengés et à
toutes les distractions de la France, elle
marque les points avec joie. Elle a eu pour
cela successivement trois ambassadeurs catholiques à Constantinople pendant quinze
ans. Avant eux, le prince Radziwill, venu en
mission avec une nombreuse suite, avait beaucoup fréquenté chez les évêques et avait eu
les honneurs d'une messe solennelle dans la
cathédrale des Arméniens unis.

« Dans quelques mois, Guillaume II ira aux Lieux
Saints. On lui prépare un accueil magnifique
et le Sultan parle de lui donner l'emplace-
ment du Cénacle que toutes les communautés
chrétiennes convoitaient depuis si longtemps.
Il y a dix ans, l'Europe aurait fait la guerre
pour moins que cela (1). »

Mais la prétention allemande qui devait en fin
de compte devenir fatale à l'existence même de
l'Arménie et amener la tentative de destruction
radicale dont le monde épouvanté vient d'être témoin, était ce qu'elle avait dès longtemps nommé
la « conquête pacifique », c'est-à-dire la prise de
possession progressive de la Turquie (2). »

Sans doute, il faut reconnaître, pour être équi-

(1) GAULIS, p. 152.
(2) Ibid., p. 127.

table, que la solution de la question arménienne
par la suppression des Arméniens dont la formule
est attribuée au grand-vizir Saïd Pacha, n'est
peut-être pas une innovation allemande : les Allemands, qui inventent peu, excellent à mettre en
œuvre les découvertes.

Disons aussi, à la décharge de nos diplomates,
gênés à l'excès, du reste, par l'alliance russe qui
eût exigé moins de complaisance, que la politique
du tsar se montra longtemps peu pressée de
prendre en main la cause de l'Arménie, mais il
faut avouer que si les Russes marquèrent peu
d'entrain, l'Allemagne en montra moins encore.

« Car, elle-même, dans un but économique et
commercial, avait intérêt à ménager Abd-ul-
Hamid (1). »

Son intérêt ne changea point par la proclama-
tion de la Constitution nouvelle, ni par la disparition du Sultan Rouge. Les aspirations arméniennes furent déçues par les Jeunes Turcs
germanisés.

(1) Contenson, *Les Réformes*, p. 33.

VIII

LES MASSACRES ARMÉNIENS

après Abd-ul-Hamid

1909-1915

Un ecrivain, André Barre, qui se déclarait paci-
ficiste résolu, mais n'en signalait pas moins *la
menace allemande* — c'est le titre de son livre publié en 1908 — dénonçait « le travail assidu du
pangermanisme en Turquie d'Europe et en Asie
Mineure » (1) et les intrigues de Guillaume II pour
obtenir officiellement le protectorat d'Orient. Ré-
vélant ou plutôt rappelant aux Français qui l'ou-
blient trop le mouvement de pénétration allemande au Levant par les vingt-cinq écoles prus-
siennes alors florissantes dans l'Empire Ottoman,
il écrivait :

« La Turquie n'est à l'heure présente, qu'une
colonie allemande. Les sociétés, les clubs, les

(1) *Op. cit.*, p. 186.

cercles germanistes s'y multiplient à tel point qu'il est difficile d'en évaluer le nombre (1). »

Avertissement perdu, comme le fut encore le pronostic paru l'année suivante en tête du généreux livre écrit par le même auteur *L'Esclavage blanc, Arménie et Macédoine*. Le frontispice portait : *Dédié aux jeunes Turcs pour qu'ils n'imitent pas les vieux.*

Les massacres d'Adana, qu'il est superflu de raconter, montrèrent que la méthode n'était pas changée.

C'est le cas de répéter, hélas ! méthode allemande, travail turc. André Barre ne s'était pas mépris sur le caractère de la révolution opérée là-bas : pure feinte inspirée par l'Allemagne qui savait trop que « la défaite du Sultan était sa défaite (2) ».

« La révolution turque, prédisait-il encore, est en définitif un geste allemand : il en sortira quelque chose d'allemand, c'est-à-dire rien de bon pour les idées d'émancipation démocratique, pire encore pour la tranquillité politique de l'Orient. »

(1) *Op. cit.*, p 158. *Sur les écoles*, voir p. 150.
(2) *Ibid.*, p. 8.

Mais les massacres de 1909 absolument sem-
blables à ceux du Sultan Rouge, prouvent combien s'étaient mépris les Arméniens qui avaient
salué la constitution nouvelle et généreusement
collaboré avec la Jeune-Turquie.

Combien le sort de l'Arménie ne fut-il pas plus
cruel quand la guerre une fois déchaînée et le
pouvoir livré par Enver-Pacha aux seuls Allemands il n'a plus été question que d'appliquer la
formule jadis pompeusement célébrée par Guillaume II.

Il importe de rappeler ici un des discours pro-
noncés par le Kaiser le 5 février 1907, un des
plus sauvages qui sortit jamais de la bouche, aux
provocations féroces, du moderne Attila.

« Je veux, disait l'orateur couronné, terminer par
le mot que le grand poète H. de Kleist a écrit
dans son *Prince de Hambourg*, lorsque Kos-
surtz répond au Grand-Electeur :

« Que nous importe la règle selon laquelle est
battu notre ennemi, quand il est à nos pieds,
lui et tous ses étendards? La règle qui l'abat
est la plus haute de toutes (1). »

Cette haute moralité du moyen efficace, cette
sanctification de la force appliquée, sans autre

_____

(1) Cité dans l'introduction de *La Menace allemande*) ¹4

règle à la destruction de l'obstacle, est la clef des dernières tueries qui ont transformé en désert l'Arménie, plus gênante que jamais, à l'approche des armées russes du Caucase. Il fallait faire vite, il fallait radicalement détruire un peuple et ce fut scientifiquement que s'organisa l'opération.

Plus de consuls français pour sauver quelques victimes, plus de rébellions à craindre, puisque les hommes mobilisés et non armés pouvaient [être fauchés à l'aise. Tout se devait passer et se déroula suivant le plan méthodique.

Le véritable livre officiel qu'il faudrait ici transcrire dans toute son horreur, car on n'analyse pas de tels rapports, est intitulé : *Quelques documents sur le sort des Arméniens en 1915*. Publiée à Genève par le Comité de l'Union de Secours aux Arméniens, cette brochure contient des récits et des témoignages oculaires, qu'il est impossible de recuser.

Quelques faits significatifs suffiront à établir des conclusions certaines sur l'entière responsabilité de l'Allemagne dans cette dévastation systématique.

1. Massacres de Zeïtoum. — *Décembre 1914 à mai 1915*

Les Russes ayant été reçus avec acclamation dans la région de Van, les représailles turques les en châtièrent. Les Arméniens se mirent en défense, mais durent émigrer en masse vers le monastère d'Etchmiatzin, siège du patriarchat quand le recul de leurs protecteurs les eût livrés aux vengeurs.

Quand les montagnards zeïtomiotes, à Mouch, Sassoun et Chabin-Karahissar tinrent tête aux troupes turques, la bonne foi allemande vint au secours de leurs chers alliés. Le consul allemand d'Alep détermina les assiégés à déposer les armes. Dès qu'ils eurent quitté leurs retraites inaccessibles, tout fut massacré y compris les femmes et les enfants, villages détruits, atrocités de toute sorte, tout se passa sous le contrôle des officiers allemands : *C'est la guerre.*

II. Exécution générale

Elle fut votée après l'attaque manquée des Dardanelles le 2 juin (20 mai ancien style) par décret ordonnant la déportation en masse des Arméniens en Mésopotamie. C'était la mise à exécution du plan suggéré jadis par le publiciste allemand Dr Paul Rohrbach.

Puisque les Arméniens, comme voisins de la Russie sont un danger pour l'Allemagne et que, d'autre part, leurs aptitudes aux grandes entreprises et les qualités de leur main-d'œuvre sont

un capital précieux à utiliser, rien de plus
logique — les Allemands aiment la logique —
que de les transplanter, comme il raisonne dans
une brochure sur le chemin de fer de Bagdad,
de leurs montagnes le long de la future ligne à
établir.

Le projet était digne de celui du docteur Nazim, membre du Comité *Union et Progrès*, qui
avait rêvé de peupler ainsi de Bosniaques trans-
portés la Macédoine et provoqua la guerre turco-
balkanique de 1912.

Les massacres qui accompagnèrent cette prétendue émigration arménienne furent d'autant
plus aisés et peu dangereux que, dès le début de
la guerre, les Jeunes-Turcs avaient mobilisé, mais
non armé tous les Arméniens valides de 20 à
48 ans, alors que l'âge légal était pour les autres
20 à 35 ans. Cette différence marque bien la pré-
méditation des massacres que devait déguiser
cette déportation hypocrite, dont les convois la-
mentables n'atteignirent jamais le point d'arrivée.

Enfants séparés de leurs mères, vendus, convertis de force, jetés dans l'Euphrate ou le Tigre,
femmes violées, données aux musulmans, égor-
gées, évêques pendus, massacrés, prêtres marty-
risés, églises pillées remplissent les pages d'un
rapport administratif qui, dans sa sécheresse
cruelle, accumule toutes les horreurs. Il s'en dé-

gage explicitement cette conclusion que le gouvernement veut « en finir une fois pour toutes
avec la question arménienne (1) ».

N'en retenons ici que les traits chiffrés et
situés qui nous permettent de parcourir à nouveau les régions d'Arménie jadis ravagées par
les agents d'Abd-ul-Hamid. Cette fois, mieux
dirigés et dûment militarisés, les Jeunes-Turcs
d'Enver Pacha pousseront à fond la moisson sanglante, ne laissant guère après eux à glaner.

Partout le concours avéré des autorités locales
décèle le plan bureaucratiquement concerté de
la destruction sur commande de la race con-
damnée à périr.

« D'abord, dans tous les villages et dans toutes
les villes, la population a été désarmée par
les gendarmes et par les criminels élargis
des prisons à cet effet, et qui commettaient,
sous prétexte de désarmement, des assassinats et faisaient endurer des tortures horribles.

« Ensuite, on a emprisonné en masse les Arméniens, sous prétexte qu'on trouvait chez eux

(1) Il est bon de mettre sous les yeux de tous, dans l'ari-
dité implacable d'un mémoire qui ne souligne rien, mais se
borne à enregistrer sans émotion ni commentaire, les faits
relevés çà et là, la série rouge qui dépassa d'un seul coup
toutes les horreurs jusque-là subies par ce peuple martyr.

des armes, des livres, un nom de part.[1]
politique ; à défaut, la richesse ou une situation sociale quelconque suffisait comme
prétexte.

« Et enfin on commença la déportation... »

Sous ce nom hypocrite, raffinement de cruauté,
car il eût été moins inhumain de massacrer sur
place les victimes, se cachent, mais se déguisent
mal les précautions d'hygiène (en pleine ville les
cadavres eussent amené la peste) et l'organisation
savante du vol, du pillage et des ventes d'esclaves.

« Avant leur départ, l'autorité les a officiellement
    fouillés et a retenu tout argent ou objet de
    valeur. »

Dépouillés et liés par groupe ils sont achemi-
nés vers... le sud... qu'ils n'atteindront jamais.
Le reste est « mis à la disposition du peuple
musulman ».

« Les choses se sont passées ainsi à Kharpout.
    Il y a eu massacres dans la province de
    Diarbékir, particulièrement à Mardine, et la
    population a subi les mêmes atrocités
« Dans les provinces d'Erzeroum, de Bitlis, de
    Sivas et de Diarbékir, les autorités locales

ont donné des facilités aux déportés; délai de
cinq à six jours, autorisations de vente par-
tielles de biens et liberté de louer une char-
rette... mais au bout de quelques jours, les
charretiers les laissaient... » Des paysans
musulmans pillaient et décimaient la caravane.

« Un témoin oculaire raconte que les femmes
déportées de la province d'Erzeroum sont
laissées dans la plaine de Kharpout où toutes
sont mortes de faim (quarante à cinquante
par jour).

« ... Lorsque les populations de Marsivan, Amasia et Tokat sont arrivées à Sari-Kichla
(entre Sivas et Césarée), devant le gouvernement même on arracha les enfants des deux
sexes à leurs mères... et on obligea la caravane à poursuivre son chemin... La caravane
partie de Papert fut ainsi diminuée et les
femmes et les enfants qui restaient furent
ensuite précipités dans l'Euphrate devant
Erzingha... Tous les mâles de Malatia ont
été amenés là (à Sivas) et y ont été massacrés; les femmes et les enfants sont tous
convertis à l'islamisme.

« Zohrab et Vartkès, les députés arméniens au
Parlement ottoman qui ont été envoyés à
Diarbékir pour être jugés par le conseil de

guerre, ont été, avant d'y arriver, tués près
d'Alep.

« Les soldats arméniens ont subi le même sort...
Nous savons de source certaine que les soldats arméniens de la province d'Erzeroum,
qui travaillent sur la route Erzeroum-Erzin-
gha ont tous été massacrés. De Kharpout seul
1.800 jeunes Arméniens furent expédiés
comme soldats à Diarbékir; tous ont été
massacrés aux environs de Arghana. »

Du moins avaient-ils servi et travaillé avant
de périr, comme ce curé belge, une des cinquante
victimes de l'invasion allemande qu'un officier
fit fusiller, après lui avoir fait d'abord enterrer
ses soldats morts (1).

Pas plus d'ailleurs que sous le régime allemand, il ne fut prudent de manifester en Turquie
répugnance ou tiédeur contre le régime nouveau.

« Chabin-Kara-Hissar s'étant opposée au désarmement et à la déportation a été bombardée
et toute la population, celle de la ville comme
celle des champs, de même que l'évêque,
a été massacrée impitoyablement.

« Enfin de Samsoun jusqu'à Sehert et Diar-

(1) Voir MÉLOT. *Le Martyre du Clergé belge*, p. 19.

békir, aucun Arménien n'existe actuellement.
La plupart sont massacrés, une partie a été
enlevée et une partie s'est convertie à l'Islam.

« ... La population de Cilicie a été exilée dans
la province d'Alep ou à Damas où elle périra
de faim. Le gouvernement n'a pas voulu
garder même dans leur ville la petite colonie
d'Alep et d'Ourfa, de peur qu'elle ne puisse
secourir ses malheureux frères qui ont été
poussés vers le sud...

« Le projet du gouvernement... plus vaste encore
et plus radical (que l'expulsion des Arméniens des six vilayets turcs et de la Cilicie)...
consiste à exterminer toute la population
arménienne dans toute la Turquie. Et il vient
d'être mis à exécution même dans la ban-
lieue de Constantinople. La plupart des
Arméniens du district d'Ismidt et de la
Province de Brousse, d'Adabazar, de Gueyvé,
d'Armache, sont par force envoyés en Méso-
potamie. »

Bref, la terreur turque, n'est-il pas plus exact
de dire la terreur allemande, règne à Constantinople et dans tout l'empire ottoman, livré par
Enver pacha et ses associés à l'Empire complice
soi-disant protecteur de ses amis d'Orient.

IX

LA PARTICIPATION ALLEMANDE

Elle s'y révèle partout, ne fût-ce que dans le sort cruel fait aux évêques, aux prêtres, aux chefs politiques et dirigeants de tout ordre.

La brochure de M. Joanny Bricaud, *L'Arménie qui agonise* (1) devrait être aussi transcrite toute entière.

« L'extermination des Arméniens, écrit-il, se poursuit par trois moyens, l'abjuration, la transportation et le massacre... (2).

« Il résulte de témoignagnes incontestables que depuis le mois d'avril dernier plus de cent mille Arméniens ont été convertis de force à l'Islam... »

(1) Paris, Chacornac, 1916, in-16 de 32 pages. Sur la mort des évêque de Papert (Mgr Ananis Azarabedian), pendu ; de Kharpout (Mgr Besak Der Khorenian), massacré ; de Sivas (Mgr Kalembarian) ; d'Erzeroum (Mgr Saadédian), etc., etc., voir p. 18.

(2) *Op. cit.*, p. 12 et 13. Voir le témoignage de M. Gorrini, consul général d'Italie à Trébizonde sur les déportés dont les quatre cinquièmes succombèrent (p. 14). Cf. plus bas, p. 114.

Il écrit encore : « D'après les dernières informations reçues on annonce que plus de 800.000
Arméniens ont été déportés : un tiers à peine
est arrivé à destination (1). »

Tout cela laisse loin les plus sombres jours
des massacres sous Abd-ul-Hamid, tant il est
vrai que la kultur allemande fait bénéficier la
Porte de son génie d'organisation et saisit l'occasion de conjurer le danger couru de 1912 à 1914
par la reconciliation de la nationalité arménienne
avec le tsar Nicolas et les démarches de *Catholicos* près des puissances européennes accueillies
de si mauvaise grâce par le cabinet de Berlin.

Les scènes effroyables racontées dans le *Journa.*
de deux infirmières de la Croix-Rouge allemande
ne seront pas contestées.

Leur récit rapporte des massacres passant
toute imagination, froidement exécutés, combinés d'avance, où les ordres sont téléphonés pour
que les convois soient décimés ou détruits hors
des villes et villages, par mesure d'hygiène.

Ne retenons que ce trait qui a son éloquence,
à savoir cette supplication de pauvres femmes :
« Sauvez-nous, nous nous ferons musulmanes
ou allemandes, ou tout ce que vous voudrez. »

(1) *Op. cit.*, p. 16. On verra à l'Appendice, p. 113, les
chiffres effrayants relevés par les soins de Comité arménien de Sofia

Il faudrait donner place, enfin, aux rapports des consuls américains de Kharpout (11 juillet) et Trébizonde (28 juillet) qui décrivent l'arrivée des restes de convois d'émigrants après des massacres soigneusement organisés, les fusillades ou noyades de troupes d'hommes, les ventes d'enfants et jeunes filles.

C'est, hélas ! toujours la même chose ; des milliers d'êtres humains supprimés par les moyens les plus expéditifs ou les moins coûteux. On prévient les Kurdes du prochain passage de ces bandes où ils n'auront qu'à tuer. Le pillage les dédommagera de leur peine. C'est la formule turque des premiers temps de la conquête, qui vida d'habitants l'Asie Mineure : *Plus de morts, moins d'ennemis.*

Que serait-ce si l'on analysait en détail les brochures publiées à Londres et à New-York, sur ce triste sujet, « publications sérieuses, documentées et impartiales (Rapport du Comité américain de New-York (oct. 1905). *Le Meurtre d'une Nation*, par Arnold J. Toynbee) et lorsque paraîtra l'ouvrage de M. Herbert Adams Gibbons : *La page la plus noire de l'Histoire moderne* »?

Nous en savons trop désormais cependant pour ne pas répartir à coup sûr les responsabilités. L'implacable méthode dénonce son origine et les complicités sont écrasantes. Les consuls alle-

mands qui eurent pour instructions de l'ambassadeur d'Allemagne, « plus maître que les ministres à Constantinople », de se garder de toute ingérence dans les affaires intérieures de la Turquie porteront devant l'histoire le poids des atrocités qu'ils ont laissé commettre. Que dire de ceux qui directement y ont coopéré?

Comme pour la Belgique, la consigne a été d'abord de nier les faits, puis de les explique par le droit des représailles.

La marque de fabrique est indéniable et indélébile. Le chancelier qui, après la première année de guerre, félicite les Allemands d'avoir merveilleusement régénéré la Turquie, est un mauvais ironiste.

Des centaines de mille (des statistiques ont donné 850.000) Arméniens massacrés sont la ruine du commerce et de l'industrie ; mais cette débâcle économique servait trop la Grande Allemagne et son expansion rêvée vers Bagdad pour que les scrupules allemands pussent être éveillés. Place aux forts! Toute règle qui abat un ennemi ou renverse un obstacle est haute et bonne. Ainsi pensait Guillaume II citant son poète, ainsi agit-il conformément à sa foi en lui-même et en ses hautes destinées.

X

CONCLUSION

Dans ce résumé trop incolore de 25 années de
massacres je n'ai prétendu souligner que deux
choses d'ailleurs connexes au point de se con-
fondre : la continuité d'une politique d'asser-
vissement méthodiquement conduite au profit
d'une race prétendue supérieure et l'appui honteux prêté par une nation qui se dit chrétienne
à l'égorgement total d'un peuple chrétien qui
gênait sa route.

Dès lors il est permis de conclure avec le
Courrier de Genève :

« Tout ce qui, dans le monde, a **un cœur** et une
    conscience, est fatalement appelé à se dres-
    ser contre l'Allemagne : le plus grand châ-
    timent d'un peuple n'est pas d'être vaincu
    en reconnaissant sa défaite, c'est de rouler
    dans l'abîme en criant victoire.

« Tout s'est levé contre l'Allemagne ; le droit,
    le sang de la Belgique, le sang de l'Arménie,
    le cœur de l'humnité et le tempas. Elle a à

vaincre tout cela ; c'est trop pour l'armée
de Guillaume II ; les puissances même de
l'enfer n'arriveraient pas à bout de ce travail.
Aucun sous-marin ne peut torpiller la cale
du droit naturel. »

Au nom de la vieille morale aussi, puisque
pour les nations tout se paie sur la terre, nous
avons le droit de promettre que la Providence
appliquera, non seulement à l'Empire ottoman,
mais à l'Empire d'Allemagne le verdict qu'avait
exprimé jadis lord Salisbury dans son discours
du mois de novembre 1895 sur la question
arménienne :

« Il faut expier de longues années d'erreur, et
une loi cruelle veut que l'expiation retombe
sur ceux qui ont commis les fautes. »

L'Arménie agonisante se relèvera et les criminels qui l'ont assassinée subiront leur peine.
Ce ne sera pas impunément que le pangermanisme aura par abjuration, transportation ou
massacres tenté de supprimer une race qui
barrait sa route. L'Empereur d'Allemagne qui
s'est donné à Damas en 1898 le rôle de protecteur
de l'Islamisme a trébuché dans le sang des
peuples. Panislamisme et pangermanisme expie-
ront les flots de sang répandu.

APPENDICE

STATISTIQUES ET EXTRAITS
du *Livre Jaune*

Sous le titre : *Ministère des Affaires étrangères. Documents diplomatiques. Affaires arméniennes. Projets de réformes dans l'Empire ottoman, 1893-1897*, parut, en 1897, le *Livre jaune* (Imprimerie Nationale, 1897, in-4° de xix-371 pages) dont les extraits formeraient un récit, sinon complet, du moins officiel des massacres en Arménie durant cette période. Un *supplément* (de xv-124 pages) fut publié la même année, dont je relève plus loin la *Table des matières.*

Le tableau le plus éloquent est un résumé des événements de 1895. Il faudrait le compléter par des tcitations tirées de la correspondance diplomatique, elle que nous la fournit cette publication. Les divers *Livres bleus* anglais sur le même sujet ajoutent des éléments importants à cette enquête. Mgr Charmetant a tiré du *Livre jaune* son douloureux *Martyrologe arménien.* Dans sa brochure, malheureusement épuisée aujourd'hui, et dont, par suite, il est opportun d'extraire certains commentaires utiles, il a prétendu, comme il l'écrivait dès le 10 mars 1896..n publier « le *document officiel* qui révélera... l'épo.-

vantable situation faite à nós frères d'Arménie sous
les yeux de l'Europe impassible… » Et il ajoutait, en
protestant contre un silence de convention :

« Les journaux catholiques, presque seuls, ont
consenti à reproduire notre premier appel…, mais la
presse parisienne, en grande majorité, a continué à
garder sur ces massacres un silence que nous savons
être largement payé. »

Voici comment il présente ce document révéla-
teur : « Ce tableau, dressé de concert par les six
ambassades de Constantinople et communiqué à
leurs gouvernements respectifs pour les informer
des événements qui ont ensanglanté *onze* provinces
on vilayets de l'Asie-Mineure pendant les trois derniers mois de 1895… établit… que le nombre des
victimes relevé dans les principales localités seulement s'élève à près de trente mille chrétiens massacrés, sans compter le nombre beaucoup plus considérable de ceux qui ont été égorgés loin des yeux
des consuls, dans des milliers de villages chrétiens
aujourd'hui détruits » (p. 2).

Et Mgr Charmetant ajoutait, après avoir publié
le tableau sur 5 colonnes (tel qu'il figure au *Livre
jaune*) qui occupe dans l'opuscule les pages 10 à 40 :

« Nous ne croyons pas que l'on puisse trouver,
aux plus sombres heures de l'histoire des nations,
quelque chose d'aussi monstrueux que ce qui,
depuis près de deux ans, se passe sous nos yeux.

« Ces Turcs, que l'on croyait doux et tolérants,
poursuivent systématiquement, par des massacres
voulus et préparés à l'avance, se produisant à heure
fixe et au signal donné, l'extermination violente de
toute une race qui, cependant, s'est toujours fait
remarquer par sa soumission à ses maîtres, sa dou-
ceur native et son tempérament pacifique.

« Il existe un plan suivi d'une façon uniforme par

les autorités, tant pour la dépravation des femmes
chrétiennes que pour obliger les Arméniens à
embrasser l'islamisme » (p. 42).

Donnons au moins ici le résumé, avec chiffres et
dates, de ce document capital.

I. Événements de 1895
en Asie-Mineure

Le *Livre jaune* donnait sous ce titre un tableau
récapitulatif sur 5 colonnes par localités, dates,
nombre des morts et des blessés, bref récit des événements et de leurs causes, et en dernière colonne
l'attitude de la population et des autorités (1).

C'est le vilayet de Trébizonde qui ouvre la série, le
2 octobre, et le Mutesarriflik d'Ismidt qui la termine,
où les désordres commencèrent le 3.

Je me borne ici à un aride relevé du chiffre des
morts et blessés (2).

i. Vilayet de Trébizonde

Trébizonde. — 600 tués le 8 octobre, dont 20 musulmans; 107 Arméniens massacrés le 24 novembre.

Gumuch-Hané (25 octobre). — 100 Arméniens et
quelques Grecs.

---

(1) *Livre jaune*, p. 199 à 211. Annexe à la dépêche de
Constantinople du 25 janvier 1896.

(2) Ce relevé officiel a omis, de propos délibéré, de noter
des chiffres partout où il a été impossible d'arriver à quelque
précision. L'absence de chiffres ne signifie donc pas qu'il n'y
ait pas eu de nombreuses victimes.

Samsoun (7 décembre). — Quelques Arméniens tués et pillage.

Aghaja-Guney (14-15 décembre). — Pillages et profanations par les rédifs.

2. Vilayet d'Erzéroum

Erzeroum et villages environnants (6 octobre). — 53 tués.

Passen (27 et 28 novembre). — 140 tués; 30 octobre 400 et 12 Turcs.

Ova et ses villages (même date). — 20 tués et nombreux blessés. Sac et pillage.

Erzindjan (21 octobre). — Plusieurs centaines de morts et 400 blessés.

Bahibourt (27 octobre). — 650 tués, et la population mâle des villages 700.

Kighi (28 octobre). — Massacre dans la ville; pillage des villages.

Bayazid. — Près de 500 tués.

3. Vilayet de Bitlis

Bitlis (25 octobre). — Près de 500 tués.

Sassoun et *Talory* (10 novembre). — Le village de Ichlentzov anéanti.

Mouch (15 novembre). — 20 tués.

Seert (19 novembre). — Massacre et conversions forcées.

4. Vilayet de Van

Van et villages environnants (25 octobre-10 novembre). — Massacre et conversions forcées; 20 victimes. Pillage.

5. Vilayet de Mamoret-ul-Aziz

Kharpout (10-11 novembre). — Plus de 500 tués.
Arabkir (1ᵉʳ au 5 novembre). — 2.800 tués. Pillage
et incendie de 10 jours.
Eghin (8 novembre). — Sac de 300 maisons,
conversions forcées et massacres. Rançon payée aux
Kurdes : 1.500 livres turques.
Malatia (29 octobre au 9 novembre). — 300 tués.

6. Vilayet de Diarbékir

Diarbékir (1ᵉʳ novembre au 31 décembre) :

Arméniens grégoriens	1.000 tués	250 blessés
— catholiques	10 —	12 —
Syriens orthodoxes. .	150 —	11 —
Catholiques.	3 —	1 —
Chaldéens.	14 —	9 —
Grecs.	3 —	3 —
Protestants	11 —	1 —
	1191	287

Mardin. — Dévastation. Conversions forcées.

7. Vilayet de Sivas

Sivas (12 novembre). — Environ 1.500 tués.
Gura (même date). — Plus de 100 tués.
Chabin, Kara-Hissar et *Charki* (27 octobre au
1ᵉʳ novembre). — Plus de 3.000 tués.
Tokat (15 novembre). — Pillage et arrestations.
Zileh (28 novembre). — 200 tués.
Amasia (15 et 26 novembre).—Environ 1.000 tués.
Marsivan (15 novembre). — 150 tués, 500 blessés.
Khavza (13 novembre). — 10 tués.
Vezir-Kouprou (décembre). — 200 tués.

8. Vilayet d'Alep

Alep. — Emeute.
Alexandrette (7 novembre).
Antioche.
Aïtab (15 et 17 novembre). — 1.000 tués.
Biredjik (25 décembre). — Massacre avec incendie.
Orfa (27-28 octobre, 28 décembre). — Cf. plus haut, p. 53-56.
Marache (23 octobre). — 40 tués.
     —   (5 novembre). — 350 tués.
     —   (18 novembre). — Plus de 1.000 tués.
Yenidjé-Kalé (17 et 18 novembre). — 600 tués.

9. Vilayet d'Adana

Mersine et *Adana* (31 octobre et 13 décembre). — Pillages et incendies.
Tarsous (13 décembre). — Emprisonnements et pillages.
Missis (mi-novembre). — Profanation et viols.
Hadjin (16 octobre). — Attaque de Kurdes.
Païas (27 octobre-10 novembre). — 300 tués.
Tchok-Merzemen (13 au 21 novembre). — Grand nombre de morts et blessés en face de 800 hommes de troupe immobiles.
Akbès (fin novembre, 24 décembre). — Pillage et terreur.
Angora (octobre-novembre). — Contre-coup des événements de Septembre à Constantinople; (20 décembre). — Panique arrêtée par le Vali.
Césarée (octobre-novembre). — Menaces des Kurdes. (30 novembre). — 1.000 tués, 300 blessés.
Yurgat (octobre-novembre-décembre). — Attaque des Circassiens.
Tchorun (20 novembre). — 4 tués, 12 blessés.
Hadjikeni (novembre). Pillage.

10. MUTESARRIFLIE D'ISMIDT

Hak-Hissar (3 octobre). — 5o tués, 33 blessés.

II. Extraits du Livre jaune
sur les événements de Sassoun (1894)

No 13. *M. Bergeron, consul, chargé du Vice-Consulat de France à Erzeroum, à M. Hanotaux, Ministre des Affaires étrangères à Paris.*

Erzeroum, le 24 novembre 1894.

... Vers le commencement de l'été, les Kurdes tombèrent à l'improviste sur les Sassounlis, leur tuèrent un homme et se livrèrent au pillage. Des représailles suivirent de près cette razzia. Les Kurdes portèrent plainte auprès des autorités contre les Sassounlis. Sur un ordre adressé au muchir, Zekki Pacha, commandant le 4e corps d'armée à Erzindjan, plusieurs escadrons hamidiés (6.000 cavaliers, dit-on) et une dizaine de bataillons d'infanterie, en tout 12.000 hommes, ont été dirigés sur le Sassoun. ... Le corps expéditionnaire pénétra dans le canton de Kavar, limitrophe de celui de Sassoun et habité uniquement par des Arméniens : la population tout entière des trois villages fut passée au fil de l'épée et le feu mis à toutes les maisons. Affolés par ces atrocités, les habitants des vingt-trois autres villages dont se compose le canton de Kavar prirent la fuite avec leurs familles et se réfugièrent en partie à Sassoun ; le plus grand nombre se dirigea vers Diarbékir, mais presque tous ces malheureux furent massacrés par les Hamidiés lancés à leur poursuite...

Et, juste à cette époque, pour donner le change à l'opinion publique, les journaux de Constantinople annonçaient que le Muchir Zekki-Pacha venait de faire une tournée d'inspection et de visiter les dépôts de la cavalerie Hamidié. A son retour de Mouch, où il était arrivé, d'ailleurs, au moment où tout était terminé, il recevait de Sa Majesté le Sultan l'ordre du Liakat... (p. 18 et 19).

M. Paul Cambon à M. Hanotaux.

Péra, le 4 avril 1895.

... M. Vilbert (délégué français à la Commission d'enquête sur Sassoun)... estime déjà... que l'on peut considérer comme acquis que les villages de Chenik, Sémal et Gueliguzan ont été attaqués par les troupes turques et les Kurdes nomades, les maisons incendiées, les paysans poursuivis et massacrés, et que les familles de ces trois villages, aujourd'hui décimées, se trouvent éparpillées dans plus de quatre-vingt localités.

Ces faits sont assez graves pour établir d'ores et déjà la responsabilité du gouvernement ottoman et la participation des troupes turques aux massacres de Sassoun...

M. Scudamore, correspondant du *Standard*, qui se trouve à Erzeroum, a interrogé un sergent turc, actuellement libéré du service, qui faisait partie des troupes envoyées au Sassoun... (Récit paru au *Daily News* du 21 mars.)

Depuis lors, M. Scudamore a entendu, en présence du consul d'Italie, un nouveau témoin, également ancien sergent d'infanterie.

Il résulte des déclarations de ce nouveau témoin pes événements que le colonel Ismaïl Bey, le sur-

endemain du jour où il arriva de Mouch aux environs de Chenik, pour prendre le commandement des
troupes, assembla ces dernières, et accompagné
d'un officier représentant le maréchal Zekki-Pacha,
s'avança et fit donner lecture par son secrétaire d'un
firman du Sultan, disant que les Arméniens étaient
en révolte contre Sa Majesté et qu'il fallait les punir
avec du sang pour servir d'exemple aux autres. Puis
le colonel Ismaïl Bey a fait un discours enjoignant
aux soldats de détruire les villages par le feu et de
passer les rebelles au fil de l'épée, ajoutant qu'ils
pouvaient faire tout ce qu'ils voulaient, à condition
de détruire tout ce qui vivait. Tel était l'ordre du
Sultan (1).

.•*•.

Comment ne pas voir là, avant la lettre, la méthode
allemande qui, en Belgique, a fomenté dans l'âme
du soldat, la phobie du *franc-tireur* et trop docile-
ment écouté, grâce aux tendances natives, le meurtre,
le viol, le pillage *par ordre*. *Wir müssen*, disaient
comme excuse les troupes du Kaiser, évidemment
façonnées comme les Turcs et malléables comme
eux, grâce à la « discipline » dont se vantent les uns
et les autres.

Les ressemblances signalées plus haut entre le
Prussien et le Turc (p. 77) seraient, on le voit, aisées
à prouver dans le détail et ne sont pas fantaisies
d'historiens. La dépêche du 4 avril 1895 relatant la
déposition du sergent turc, ne pouvait prévoir la
violation de la Belgique et les scènes qui s'y sont
déroulées. Elle paraît cependant calquée sur un des

(1) *Livre jaune* p. 42.

nombreux récits que la lecture des carnets allemands
a tristement vulgarisés.

Cet exemple me paraît devoir suffire, à titre de
specimen, et établir suffisamment les responsabilités du pouvoir hamidien. Qu'il suffise de transcrire
ici la table du supplément du *Livre jaune*.

Ministère des Affaires étrangères.

Documents diplomatiques. Affaires arméniennes.

Supplément 1895-1896. Paris, Imprimerie Nationale,
1897, in-4° de 124 p.

TABLE DES MATIÈRES.

III. Massacres de 1909

Les Jeunes-Turcs, disciples des mêmes principes et soumis à l'influence occulte de l'ancien Sultan (1) « organisèrent le vol, le pillage, l'expropriation agricole. Bref, tout ce qui caractérisait l'abominable méthode du régime hamidien devint la règle du nouveau régime, cachée sous le couvert constitutionnel. Les massacres de Cilicie et d'Adana (avril 1909) furent l'œuvre personnelle du « Comité Union et Progrès » (2).

Sur ces événements, je me borne à renvoyer aux deux articles très circonstanciés parus dans les *Etudes* (5 et 20 juillet 1909, pp. 39-54 et 237-248) où les « horreurs d'Adana » sont décrites par des témoins oculaires, les PP. Benoît et Sabatier et les frères Maristes Marc et Dioscore. Les *Missions catholiques* des 4 et 11 juin 1909 ont publié, sous la signature du P. Goudard, S. J., *Un coup d'œil d'ensemble sur les massacres d'Adana* (pp. 268-272 et 282-284 (3).

Dans la *Revue* du 1er novembre 1909, M. Georges Vayssié a inséré, sous le titre *Les Vêpres ciliciennes* (p. 75-91), les résultats d'une enquête contradictoire

(1) Dans la *Rev de Par*, 15 déc mbre 1909, p. 889, M. Victor Bérard écrivait, à propos des affaires de Bulgarie : « Cet incident avait été créé par la volonté personnelle d'Abd-ul-Hamid et par l'ascendant que conservait sur le nouveau régime ce maître reconnu en arts et sciences diplomatiques. »

(2) Joanny Bricaud, *op. cit.*, p. 9.

(3) Outre l'annonce des massacres dans une lettre de Mgr Terzian, parue les 23 avril (p. 193) et 21 mai (p. 241), la même revue avait publié les 4 et 28 mai (pp. 239 et 254) de navrants détails sur les massacres et les alertes de Akbès, Adana, Tarsous et Alep.

conduite à loisir où les responsabilités sont nettement établies. On y lisait : « Le Vali, Ramzi-Pacha,
vieillard de 72 ans, sans forces physiques ni morales,
n'était qu'une manière de fantoche oublié par le
nouveau régime. Le commandant militaire, par
contre, Djevat-bey avait un passé funèbrement éloquent. Ancien secrétaire du Palais, homme à tout
faire d'Abdul-Hamid, on le savait chargé de crimes
et son rôle dans les tueries de 1895-1896 suffisait à
le rendre suspect. Que depuis le commencement de
l'année il ait entretenu des relations très suivies
avec Yildiz, cela semble aujourd'hui hors de doute.
Pour Djevat-bey, le succès de la Constitution ne
pouvait être qu'éphémère : le triomphe du Sultan
n'était qu'une question de jours. Il connut à coup
sûr, ce qui se préparait, le 13 avril, à Constantinople et organisa, selon toutes probabilités avec le
Palais, le coup de force du 14 avril à Adana. Un mot
d'ordre avait passé dans l'Asie-Mineure, du Bosphore
à la frontière d'Egypte ; un massacre général devait
suivre le rétablissement du pouvoir absolu ; personne n'ignore que l'entrée subite des troupes
constitutionnelles à Constantinople a seule arrêté
l'exécution de ce plan monstrueux. Mais en Cilicie,
la réaction avait libre carrière, elle se déchaîna
« officiellement ». La résistance désespérée des
Arméniens annihila la tentative du 14 avril : d'un
coup, assassinats et incendie s'arrêtèrent ; il s'agissait
de gagner du temps et de parachever les préparatifs
de l'égorgement définitif. On désarma les Arméniens : une dizaine de mille de montagnards furent
réquisitionnés ; des tonnes de pétrole coulèrent dans
des milliers de récipients : on fabriqua des « perches
à incendier » et les groupes reçurent leur poste
d'opérations. Cette fois, le hasard n'avait aucun rôle
à jouer.

Sur ces entrefaites arriva la nouvelle que des troupes constitutionnelles s'acheminaient sur Adana. Il y eut un instant de désarroi général ; la partie devenait terriblement grosse pour Djevat-bey : il se résolut à la jouer jusqu'au bout. Aussi bien, il était trop compromis et trop de personnages avec lui.

Les troupes de Salonique firent leur entrée. Elles débarquaient mécontentes. On les avait arrêtées en pleine marche sur Constantinople, à Dédeagatch ; alors que leurs camarades allaient se couvrir de gloire, les soldats s'étaient vu détourner de la Terre promise, et pourquoi ? pour aller au fond d'un vilayet lointain défendre des chrétiens inconnus. Il y eut à bord de nombreux cas d'insubordination nul réprimés, les officiers partageant la colère de leurs hommes.

C'était le 24 avril au soir. Les troupes constitutionnelles venaient à peine de dresser les tentes sur une grande place de la ville : au crépuscule, une nuée de balles cribla leur camp. Comme par hasard il se trouva des informateurs pour leur crier : « Les Arméniens ont tiré sur vous ; tenez, de cette maison et de celle-ci. Ce fut le signal d'un premier massacre. En réalité, les coups avaient été tirés par des soldats des vieilles troupes apostés par les soins de Djevat-bey.

A partir de cet instant, tout devient incohérent. Il n'y a plus ni commandement ni discipline. Les Macédoniens laissent les émeutiers opérer à l'aise. Tout d'abord ils restent spectateurs. Bientôt ils participent et aux massacres et au pillage. Placés dans les minarets des mosquées, ils tirent sur les gens qui essaient de s'enfuir... Au milieu de cet effroyable carnage, quelques officiers cependant font leur devoir et l'imposent à leurs hommes. Quatre mille misérables ont cherché refuge dans une

église (1). Implacablement l'incendie s'avance en
demi-cercle ; quiconque franchit les murs est fauché
par la mitraille (2). Un prêtre jacobite prend son
enfant dans ses bras et essaye d'apitoyer les soldats ;
il tombe éclaboussé par la cervelle de l'enfant... et
l'incendie dévore tout. Dans l'édifice ce sont des
hurlements de fauves ; encore quelques instants et
le formidable auto-da-fé va s'accomplir. De leur
établissement voisin les Pères Jésuites entendent les
cris ; un frère se dévoue ; un officier passe à cheval
avec une cinquantaine de soldats ; il le presse, il le
supplie. Deux minutes après, un torrent de gens à
demi fous s'écoulait de l'église qui s'écroulait et
arrivait chez les frères sous la protection d'une
simple compagnie de chasseurs. Ce qu'avait fait un
capitaine (3), un officier supérieur eût pu l'étendre
à la ville entière, mais les officiers supérieurs
fumaient des narghilehs aux côtés de Ramzi Pacha.

---

(1) L'église Saint-Etienne où les réfugiés furent sauvés pa
le frère Dioscore (*Etudes*, p. 241-246).

(2) « Les incendiaires procèdent avec méthode : une première bande tire sur les murailles du côté où doit être mis
le feu, pour rendre vaine toute tentative de sauvetage ; une
seconde bande fait alors jouer de petites pompes à main
qu'alimentent des bidons de pétrole ; une troisième, en trois
ou quatre endroits, entasse des matières inflammables, dont
on approche de longues torches ; le feu jaillit, monte et
dévore... Vers minuit deux cents maisons brûlaient. » *Ibid*,
p. 241. — Ne se croirait-on pas en Belgique ou dans les
villages de France envahis en 1914 ? C'est déjà, pour ce
travail turc, l'organisation de la kultur régénératrice.

(3) Quand, après le sauvetage, les missionnaires s'empressèrent autour de l'officier pour le féliciter et le remercier,
celui-ci leur dit en souriant : « J'ai fait mes études à Kadi-
Keuil ; je suis un élève des Frères de la Doctrine chrétienne
et garde de mes maîtres un souvenir plein de reconnais-
sance ». Heureux les maîtres qui forment de tels élèves.
(*Etudes*, p. 246).

Le 25 avril avait fait place nette, et il faut le répéter, systématiquement nette de la ville chrétienne d'Adana. Trois mille huit cents maisons ou boutiques ont été pillées et incendiées de fond en comble. Un ingénieur anglais évalue à trois kilomètres et demi la superficie des ruines. Personnellement j'ai pu y errer quatre heures sans repasser aux mêmes endroits (1). »

IV. Massacres de 1914-1915

« Voici, d'après le Comité arménien de Sofia, la liste des Arméniens qui, par suite de la déportation en masse, sont assassinés, disparus ou convertis de force à l'islamisme :

Ismidt	65.000	âmes
Armach	5.000	—
Brousse	25.000	—
Bandyrma	15.000	—
Césarée	45.000	—
Sivas	81.000	—
Edesse	23.500	—
Amassia	25.000	—
Chabin, Karahissar	25.000	—
Samsoun	20.000	—
Trébizonde	357.000	—
Erzeroum	75.000	—
Eriza	25.000	—
Baibourt	17.000	—
Pasen	10.500	—
Terdjan	15.000	—
Kemakok	10.000	—

(1) Georges Vayssié, *La Revue*, art. cité, **p. 87.**

Kharpout	45.000	âmes
Kelsi	24.000	—
Sehert.	25.000	—
Diarbékir	55.100	—
Eghin	10.100	—
Arabghir	19.500	—
Haleb	25.000	—
Sis-Hadjen	30.000	—
Zeitoun	28.000	—
Divrik.	11.300	—
Bitlis	51.500	—
Total. .	1.163.500	âmes (1). »

Il faudrait reproduire ici le rapport du consul général d'Italie qui a quitté Trébizonde le 21 juillet 1915, alors que des 14.000 Arméniens de cette ville « il n'en restait plus qu'une centaine ».

Publié dans le *Messagero*, il a été cité en partie dans la brochure : *L'Arménie qui agonise* (p. 15 et suivantes).

« Pendant un mois, écrit ce témoin irrécusable, j'ai assisté à des scènes effroyables, à des exécutions en masse d'innocents. Le passage sous les fenêtres du consulat de colonnes d'Arméniens implorant du secours, impossible à leur donner dans une ville surveillée par 15.000 soldats et des milliers de policiers à la solde du Comité « Union et Progrès », les scènes de désolation, de pleurs, d'imprécations, de suicide, de folie subite, de fusillades dans les rues, les maisons et les campagnes, sont impossibles à décrire. Des centaines de cadavres étaient trouvés

(1) Note de la page 16 de la brochure déjà citée, où M. Joanny Bricaud écrit: « D'après les dernières informations reçues, on annonce que plus de 800.000 Arméniens ont été déportés ; un tiers à peine est arrivé à destination. »

chaque jour dans les rues. Des femmes violées, des enfants enlevés à leurs familles et placés dans des barques, vêtus seulement d'une chemise, puis noyés dans la mer Noire ou dans les fleuves, sont des épisodes d'une nouvelle page du régime turc. Quand on a assisté à ces scènes quotidiennes si épouvantables et que l'on se voit impuissant à agir, on se demande si tous les cannibales, toutes les bêtes féroces du monde ne sont pas réfugiés à Stamboul. De tels massacres exigent la vengeance de la chrétienté entière. Si l'on savait tout ce que je sais, tout ce que j'ai vu de mes yeux et entendu de mes oreilles, toutes les puissances chrétiennes encore neutres devraient se soulever contre la Turquie, crier anathème contre le gouvernement barbare et féroce du Comité « Union et Progrès » et tenir pour responsables les Austro-Allemands qui tolèrent ou couvrent de leur aide des crimes qui sont sans égal dans l'histoire ancienne et moderne. C'est une honte et une horreur indicibles (1). »

Qu'ajouter au verdict d'un témoin oculaire, qui confirme aussi nettement les faits?

A cela répond bien faiblement le plaidoyer que la *Gazette de Lausanne* du 25 mars 1916 a cru devoir insérer de la part d'un défenseur des Jeunes-Turcs.

Polybe (c'est-à-dire M. Joseph Reinach), dans le *Figaro* du jeudi 20 avril 1916, a nettement établi la participation allemande au plus « grand crime de l'histoire ». Il convient d'enregistrer la conclusion de ces pages vengeresses :

« ...Et voici l'Arménie, la noble et infortunée Arménie, libérée, ou peu s'en faut. Quand le cardinal Mercier prêche : « Ne dites pas : pauvre Belgique; dites : Belgique glorieuse et grande, Belgique incom-

(1) Cité par M. Joanny Bricaud, p. 15 et 16.

parable... », sa haute pensée ne va qu'à son cher troupeau, mais notre pensée, à nous, s'en va, à travers nos propres douleurs, vers toutes les autres nations crucifiées : — Monténégro et Serbie, Pologne et Arménie — parce qu'elles ont excité les convoitises des grandes puissances gloutonnes ou qu'elles les ont gênées sur leur chemin.

Après avoir été décimés par le Sultan Rouge, sans que protestât un seul des Jeunes-Turcs, même sous le masque libéral dont ils s'étaient alors grimés — mon premier soupçon contre eux date de l'obstiné silence d'Ahmet-Riza — les Arméniens ont été systématiquement massacrés au printemps et à l'été derniers, au nombre de 800 à 900.000, toujours par les Turcs et par les Kurdes, mais, cette fois, pour satisfaire à l'Allemagne, non plus seulement à une haine de races.

C'est pour assurer au futur Hambourg-Bagdad la suprématie de l'Asie-Mineure qu'a été perpétré cet assassinat de tout un peuple, peut-être le plus grand crime de l'Histoire.

Il y avait quinze mille Arméniens à Trébizonde. Tous, sans une seule exception, furent fusillés, pendus, égorgés, torturés, déportés. La déportation en masse, à travers les montagnes et les déserts, était une telle horreur que ce cri prodigieux d'une infirmière, réveillée la nuit par une fusillade : « Heureux les massacrés ! » est authentique (1).

Le consul général d'Italie à Trébizonde écrit : « Si l'on savait tout ce que je sais, tout ce que j'ai vu de mes yeux et entendu de mes oreilles, la chrétienté entière se demanderait si tous les cannibales et toutes les bêtes féroces du monde ne se sont pas réunis ici.

(1) *L'Arménie*, par Emile Doumergue, dans *Foi et Ve,* d'avril 1916.

Faire mourir peu à peu par le fusil, par le sabre, par l'eau, par le feu, par la faim, par l'infamie, tout un peuple, c'est une abomination qui a beau être vraie, vraie, vraie, elle reste invraisemblable, impossible, même pour l'imagination du plus déséquilibré. »

Soyons toujours justes : il y eut une Allemande qui écrivit, de Marache, le 4 juin, au journal *Sonnenaufgang* : « Oh ! si nous pouvions dire tout ce que nous voyons ! » Mais la censure impériale et royale eut vite fait d'imposer silence à cette femme pitoyable, parce que « les Allemands, et les Allemands seuls », au témoignage du voyageur *américain* Herbert Adams Gibbons, « étaient appelés à bénéficier de l'extermination du peuple arménien (1). » Or, au dire d'un Jeune-Turc — propos tenu directement à ce même Américain — « le seul moyen de se débarrasser de la question arménienne, c'est de se débarrasser des Arméniens. »

Il y avait un homme, à Constantinople, qui eût pu empêcher cette extermination, et c'était l'ambassadeur d'Allemagne, M. de Wangenheim. Ce diplomate n'avait qu'un mot à dire, un seul. Mais il avait les ordres de son Empereur, de son Sultan Rouge, et il répondit à toutes les sollicitations de l'ambassadeur des Etats-Unis que « l'Allemagne ne pouvait pas intervenir dans les affaires intérieures de la Turquie ».

Cependant, l'ambassadeur turc à Washington, et M. le comte de Bernstorff après lui, affirmaient que « tous les Arméniens mis à mort étaient des factieux ».

Les femmes aussi, et les filles, qui furent ou massacrées ou violées, vendues aux harems comme un bétail.

(1) *Les derniers Massacres d'Arménie*, p. 81.

Si le Hohenzollern de Berlin, qui commence à
entrevoir sa défaite, s'imagine qu'une guerre,
souillée, en Asie comme en Europe, de tant de
crimes qui sont son œuvre, se pourra terminer par
un traité où sa signature s'apposera à côté de celles
d'honorables chefs d'Etat, c'est qu'il n'a pas encore
réfléchi à la logique des choses et aux justices inéluc-
tables de l'histoire.

Il a pu faire assassiner par ses complices et ses
bourreaux à gages près d'un million d'Arméniens.
L'Arménie n'est pas plus morte que la Belgique, ou
la Serbie, ou la Pologne. L'entrée des armées du
grand-duc Nicolas dans Trébizonde, c'est le signal
de sa résurrection parmi les peuples. »

Au point de vue catholique, cette espérance peut-
elle être escomptée avec une joie sans inquiétude ?
Les *Etudes* du 20 avril 1916, dans le *Bulletin des
Missions*, signé par le P. Alexandre Brou, nous con-
seillent d'attendre. Après avoir écrit que, pour la
Syrie et les Maronites « nous sommes assurés que
la victoire des alliés sera suivie d'une restauration »,
l'auteur ajoute: « En sera-t-il de même en Arménie ?
Qui peut savoir ? Tout dépend de cette question :
la Russie victorieuse de demain aura-t-elle la même
mentalité que la Russie d'hier ? Quant aux massacrés, à plus tard un récit détaillé, s'il est possible de
le faire. Tout le monde sait qu'elles ont dépassé en
violence et en étendue tout ce qu'on avait vu jusque-
là... Mais, insistons sur ce point : quoi qu'on ait dit
en Allemagne, et jusque dans les journaux catholiques, la persécution n'a pas été que politique et
défensive. Elle a bel et bien été religieuse. Les
Kurdes envahisseurs de la Perse couraient à la tuerie
en criant : « *L'Islam par-dessus tout !* » D'où leur
venait la formule ? »

Selon l'immémoriale coutume, les parents une

fois massacrés ou emmenés au loin, les enfants
étaient accaparés pour devenir musulmans. Même
violence morale à l'égard des femmes réservées aux
harems turcs... La population chrétienne anéantie,
les églises étaient pillées, converties en écuries, en
mosquées, les objets du culte portés jusqu'à Constantinople et mis en vente.

Au premier rang des victimes ont été les évêques
et les prêtres (1). »

L'article cite ici les évêques grégoriens massacrés
dont il a été parlé plus haut (p. 95), les évêques de
Papert et de Kharpout. Il y ajoute « Mgr Eglische
Vartabed, évêque de Seert, brûlé sur la place
publique ».

« L'auteur de ce meurtre, poursuit-il, est Djevet
bey, gouverneur militaire de Van, qui, chassé par
les Russes, se vengeait en mettant à mort toute la
population chrétienne de Seert.

« Dans la même exécution périt l'archevêque chal-
déen catholique, Mgr Addaï Seher. Très grosse
perte pour la religion et aussi pour la science. »

Et le chroniqueur cite une notice consacrée à cet
orientaliste de valeur par le *Manchester Guardian*,
sous la plume du Dr Alphonse Mingana.

Achevons l'énumération des meurtres d'ecclésias-
tiques. Elle prouve, contrairement au plaidoyer
complaisant de la *Gazette de Lausanne*, que les catholiques ne furent pas épargnés : « Autres victimes de
l'épiscopat uni : à Mardin, les Turcs ont arrêté
l'archevêque, Mgr Ignace Maloyan, et avec lui le
clergé catholique et nombre de fidèles. Il les exhorta
à ne pas trahir leur foi, leur donna l'absolution, eut
le temps de dire la messe et de leur distribuer à tous
la communion en viatique. Mgr Israélian, évêque de

(1) *Etudes*, p. 233.

Kharpout, avait été obligé de quitter sa résidence et de se réfugier à Alep. On lui avait juré que pas un cheveu de sa tête ne tomberait, et que sa suite serait respectée. Mais aux environs d'Urfa, une bande de Kurdes, apostés par le gouvernement turc, le massacra, lui et ses prêtres, les religieuses, les laïques... Mgr Kazeladurian, évêque de Malatia, fut étranglé ; ses religieuses ont été enlevées. A Diar-békir, un affreux massacre a eu lieu : on ne sait rien de l'évêque, Mgr Celebian ; il est assez probable qu'il a été brûlé vif. A Musch, tous les Arméniens ont été tués : on ne sait rien de l'évêque, Mgr Jacques Tobuzian : on croit qu'il a péri avec ses fidèles. Les évêques d'Angora et d'Adana ont été internés à Alep ; celui d'Erzeroun à Eghin (province de Kharpout) ; celui de Césarée à Talas. Liste certainement incom-plète. Et nous ne parlons pas des simples prêtres...

Nous ne rapportons ces faits qu'à titre d'indica-tion. Un livre ne suffirait pas à dire ce que l'on sait de certain... Et pourtant un mot sévère de Berlin aurait pu tout arrêter (1).

Le « mot sévère » de Berlin n'a pas été dit, et la conclusion s'impose.

Guillaume II ne peut plus nulle part être cru lorsqu'il parle de son âme navrée des maux de la guerre : il ne se trouvera dans la Sprée ni même dans les mers du monde entier assez d'eau pour effacer le sang de l'Arménie, la dernière en date des victimes du Pangermanisme, en attendant l'Allemagne elle-même qui sous peu va clore la funèbre liste des nations sacrifiées aux Hohenzollern.

(1) *Etudes*, p. 235.

INDEX ALPHABÉTIQUE
DES PRINCIPAUX NOMS PROPRES

TABLE DES MATIÈRES

Imprimerie Artistique « Lux », 131, boulevard Saint-Michel, Paris

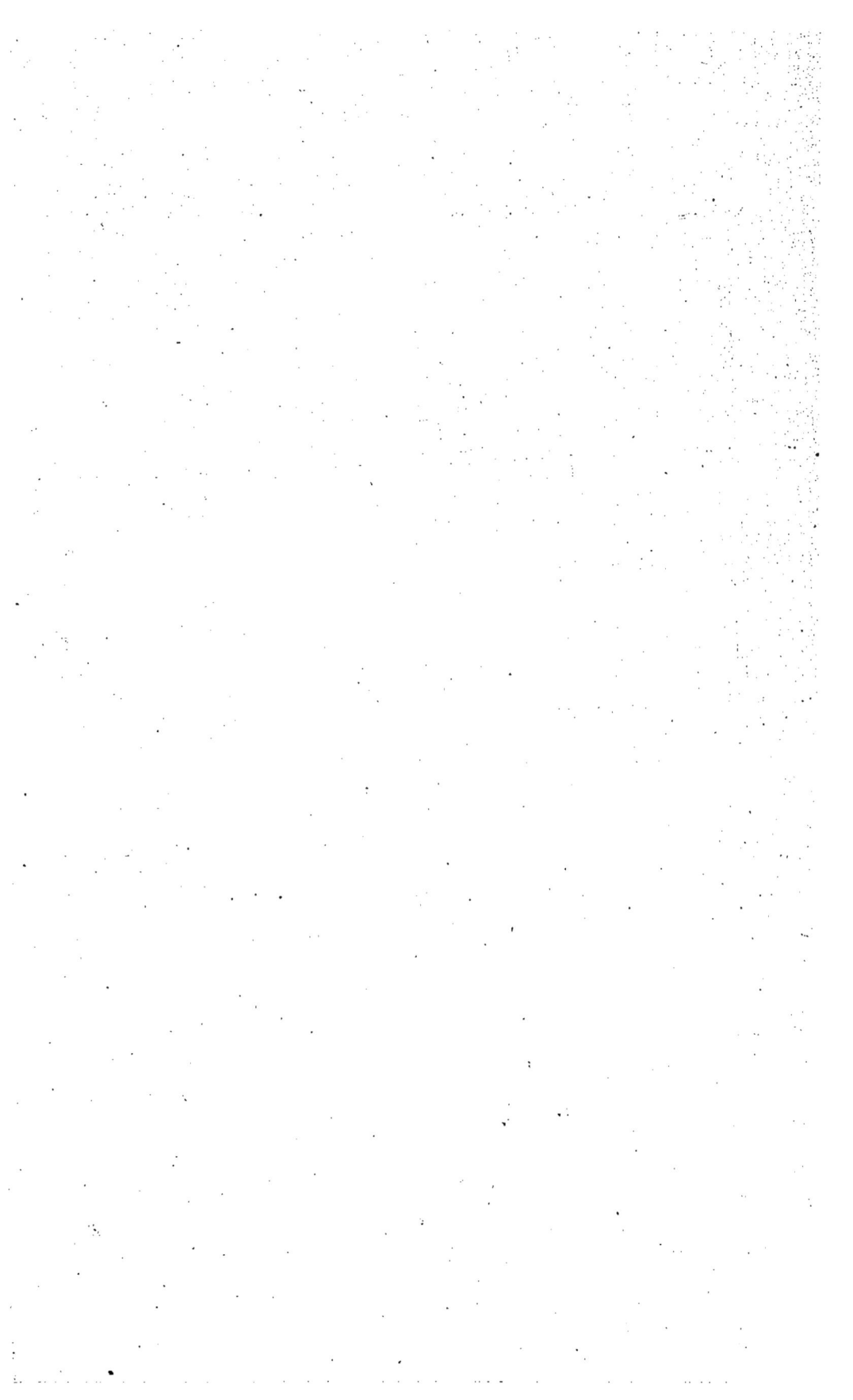

752 -- Imprimerie Artistique "Lux", 131, boulevard Saint-Michel, Paris